이종병 Pro의 회전이론
골프!
알고보면 단순하다

발간을 축하하며

이종병 프로의 회전 이론에 기초한 새로운 골프 이론 서적의 출판을 축하드립니다.

오랜 세월 동안 후배들의 지도와 아마추어 골프의 실력 향상을 지도한 경험에 기초하여 각고의 노력 끝에 기존의 고정관념을 벗어나 새로운 흐름에 맞추어 펴낸 이 책은 골프의 실력 향상을 원하는 많은 분들에게 새로운 것을 느끼게 할 것이며 또한 한 단계 발전된 자신의 능력을 보게 되리라 믿습니다.

평소의 성품대로 꼼꼼하게 모든 정성을 깃들인 이번 이종병 프로의 역작을 다시 한번 진심으로 축하드리며 행운을 빕니다.

UDV Korea(죠니워커 한국 현지법인)
대표이사 김정식

이종병 Pro의 회전 이론에 따른
Golf Swing

INDEX

I. 서론
글을 쓰게 된 동기

II. 골프 스윙(golf swing)의 근본 원리 이용법
(1) 원리 적용
(2) 원 운동과 회전 운동의 공통점과 차이점
(3) 원 운동을 대체할 수 있는 회전 운동
(4) 운동 원리의 방향 전환 동기
(5) 회전 운동 원리 적용의 타당성
(6) 회전 운동의 원리
(7) 회전 원리의 인체 적용

III. 본론
* 스윙(swing)

(1) 어드레스(address)
* 어드레스
* 어드레스의 요령
* 올바른 어드레스 자세
* 어드레스의 중심 축 고정
  - 회전 축(정면)
  - 회전 축(윗면)
  - 우회전과 좌회전의 역할
* 어드레스의 체중 분배
  - 어드레스의 체중 분배(좌, 우)
  - 어드레스의 체중 분배(앞, 뒤)
* 스탠스(stance)
* 골반의 역할
* 손의 역할
  - 왼손
  - 오른손
  - 그립(grip)
* 팔의 적용 부분

* 클럽(club)의 위치
* 클럽과 어드레스의 간격
* 클럽 헤드(club head)의 위치

(2) 우회전
* 우회전
* 1단계-테이크 백(take back)
* 2단계-백 스윙(back swing)
* 3단계-톱 오브 스윙(top of swing)

(3) 좌회전
* 좌회전
* 1단계-테이크 다운(take down)
* 2단계-다운 스윙(down swing)
* 3단계-임팩트(impact)
* 4단계-팔로우-스루(follow-through)
* 5단계-피니쉬(finish)

* 클럽 헤드(club head)의 토우(toe) 방향
* 톱 오브 스윙(top of swing)과 피니쉬(finish)의 좌우 대칭
* 풀 스윙(full swing)과 하프 스윙(half swing)
* 풀 스윙(full swing)과 하프 스윙(half swing)의 순서

IV. 회전 이론에 따른 스윙(swing)의 완성도편
(1) 우회전시
(2) 좌회전시
(3) 회전에 따른 스윙(swing)의 완성

V. 결론
스윙개념이란

I. 서론

글을 쓰게 된 동기

골프의 오랜 역사를 통해서 보게 되면, 수 백년간 골프의 변형, 경기 특성과 경기 방법의 변경으로 인하여 스윙 방법이 여러 가지 각도에서 달라져 왔다. 계속 변화되는 스윙 이론은 심지어는 예전의 이론이 다시 돌아와 순환되거나 계속되기도 하고, 같은 이야기를 다른 방법으로 전하는 등 골퍼들에게 늘 혼란을 가져다주었다.

과거 20여 년을 회고해 보면, 단지 개개인의 눈에 보이는 대로 따라하거나 경험이나 사견을 통해 얻어진 것이 많았다. 그로 인해 체계적 이론으로 고려했을 때, 원래 골프의 목적인 볼을 목표 지점에 가능한 샷을 적게 하여, 최저타수로 이동시키는 것에 많은 어려움과 시간, 그리고 체력이 소모되었다.

이러한 혼란과 좌절을 막기 위해서 골프 스윙의 체계적 이론, 더욱 이해하기 쉬운 동작들에 근거한 효율적인 스윙 동작이 필요해졌다. 현재 골프를 즐기는 사람들에게 골프에 적용되는 이론과 실제가 매우 어렵고 이해하기 힘들다는 말을 종종 듣게 되었다. 이런 사회적 통념에서 생각했을 때 '왜 이론과 실제가 일치하지 않을까?' 라는 궁금증과 답답함에서, 골프 스윙에 적절한 원리를 적용하고 또한 이론과 실제를 확립하고자 출간을 계획하게 된 것이다. 더욱이 우리 나라에서는 골프가 아시안 게임의 정식 종목으로 채택되면서부터 더욱 활성화되고 있으며, 주니어 대회가 점차 증가하면서 골프를 시작하는 연령이 낮아지고, 폭넓은 대중 스포츠로 자리매김 하고 있는 실정에 있다. 그러나 지금의 우리 실정에서는 이 필요성을 뒷받침해 줄 스윙에 대한 이론과 실제가 일치하는 서적은 그리 많지 않다. 이러한 환경에서 경기에 영향력을 미치는 가장 기초적 동작인 스윙의 기술적인 측면을 체계화하여, 보급시키는 것이 절실히 요구되고 있다.

위와 같은 필요성을 인식하고, 골프에서 가장 기본적이고 중요한 스윙 동작의 기본 원리와, 그에 따른 올바른 어드레스(address)에서 출발하여, 테이크 백(take back)/ 백 스윙(back swing)/ 다운 스윙(down swing)/ 톱 오브 스윙(top of swing)/ 테이크 다운(take down)/ 다운 스윙(down swing)/ 임팩트(impact)/ 팔로우 스루(follow-through)/ 피니쉬(finish)까지, 전 단계에서 기본 원리가 되는 회전을 단순화하여 골프 스윙 동작에 적용시키고자 한다. 그리고 더 나가서는 실전과 한국인의 체형에 맞고 실정에 맞는 보다 효율적인 골프 스윙법의 습득 및 학습과 지도에 필요한 자료를 얻자도록 하는 데에 집필의 목적이 있다.

II. 골프 스윙(golf swing)의 근본원리 이용법

골프 스윙(golf swing)의 근본 원리 이용법

1. 원리 적용

시대의 흐름에 따라 원리와 원칙의 적용은 많이 변화되어 왔고 지금 시점에도 그 변화는 계속되고 있다. 그만큼 원리와 원칙의 적용은 그 시대의 사고의 전향, 발전의 정도에 따라 무한한 가능성을 지니고 있다고 볼 수 있다.

이를 뒷받침해 줄 사례로 시계를 한번 생각해 보자. 과거 초창기의 시계는 단순히 벽이나 탁상에 설치하여 규칙적으로 태엽을 감아 주는 작업을 반복하면 그 기능이 유지되었다. 그러나 이것이 벽이나 탁상을 떠나 손목 또는 목걸이, 의상에 부착되면서, 시계에 대한 개념이 훨씬 가벼워지는 사고의 전향을 가져왔다. 여기에 시대가 발전하고 그에 따른 새로운 개발을 요구하면서 바늘과 아라비아 숫자로 대표되던 시계의 개념이 숫자의 획일화된 개념으로 바뀌었고 태엽을 규칙적으로 감아주는 번거로움도 함께 덜게 되었다. 이는 시간을 나타내는 새로운 방식과 그에 따른 시각적 변화, 사용의 편리함 등에 의해서 그 사용자들의 사고 또한 달라졌고, 앞으로도 시대의 흐름과 발전에 따라 수없이 달라질 가능성이 있음을 나타내는 것이다.

이와 같은 원리는 골프에도 그대로 적용된다. 초창기부터 현재 변화, 발전해 온 골프 용품을 보면 알 수 있을 것이다. 초창기의 볼은 가죽을 사용하였으나 이것이 고무로 변화하였고, 이에 따라 소재나 재질에서 얻어지는 무게감이나 기타의 변화로 인해 그 날아가는 정도에 차이가 생기게 되었다. 클럽의 경우에도 처음 나무를 깎아 쓰던 것이 쇠로 변모했다가, 지금은 가벼운 신소재로 변화했다. 이로써 과거의 골프 용품에 맞도록 무리한 힘을 가했던 골프 스윙이 새로운 소재로 그 사용될 힘이 감소되면서, 더 기능적으로 용품에 맞게 효과적이고 능률적인 스윙 법으로 발전해 왔다는 것이다.

이처럼 골프도 그 시대의 흐름과 클럽, 볼 등의 골프 용품의 발달에 따라서 그 원리나 원칙이 변하기 때문에 이 원리의 적용이 가능한 것이다.

2. 원 운동과 회전 운동의 공통점과 차이점

먼저 원 운동과 회전 운동의 정의를 살펴보도록 하자.

원 운동은 기존의 골퍼들이 주로 다루었던 골프 스윙의 주된 원리다. 이는 고정 축을 기준으로 물체의 무게, 속도, 그 방향성에 따라 얻어지는 운동 원리로 항상 일정하고 정해져 있는 골프 스윙 궤도만을 형성하도록 요구되는 운동력이다.

원운동의 원리

물체에 적용해 쉽게 설명하자면, 끈에 달린 돌이나 요요를 들 수 있다. 끈의 끝을 잡고 끝 부분, 즉 돌의 무게에 따른 회전의 중심을 유지한 채 회전시킨다. 그러면 일정한 원의 궤도를 그리면서 빠르게 회전하는 것을 볼 수 있다. 이것을 골프 스윙에 적용하여 다시 설명하면, 원 운동이란 손과 팔을 그 원의 지름으로 생각하고 몸의 중심 축을 고정하여, 일정한 지름을 유지하면서 클럽의 헤드가 그리는 스윙 궤도 선에 의해 볼을 치는 운동이다. 중심 축을 기준으로 발산되는 추진력이 일정한 원을 그리게 되는 것이다.

그렇다면 회전 운동은 어떠한가?

회전 운동은 원 운동과 같이 고정 축을 기준으로 한 채 좌, 우측의 회전이 용이하다. 좌우로 분배된 부분 중 한쪽에 추진력을 가하면 다른 쪽에서 회전이 일어나 원 호를 그리게 되는 것이다. 물체에 적용해 보면, 연필의 뾰족한 목탄 부분에 직사각의 긴 플라스틱을 걸쳐놓았다고 생각해 보자. 그 중심 축은 고정되어 있되, 필요에 따라서는 오른쪽이나 왼쪽으로 달라질 수 있는 가능성을 지니고 있어 유동적이다. 골프에서도 클럽 헤드의 궤도 또한 그 주어진 추진력의 반대편은 회전이 생기며 추진력 정도에 따라 달라질 수 있다. 항상

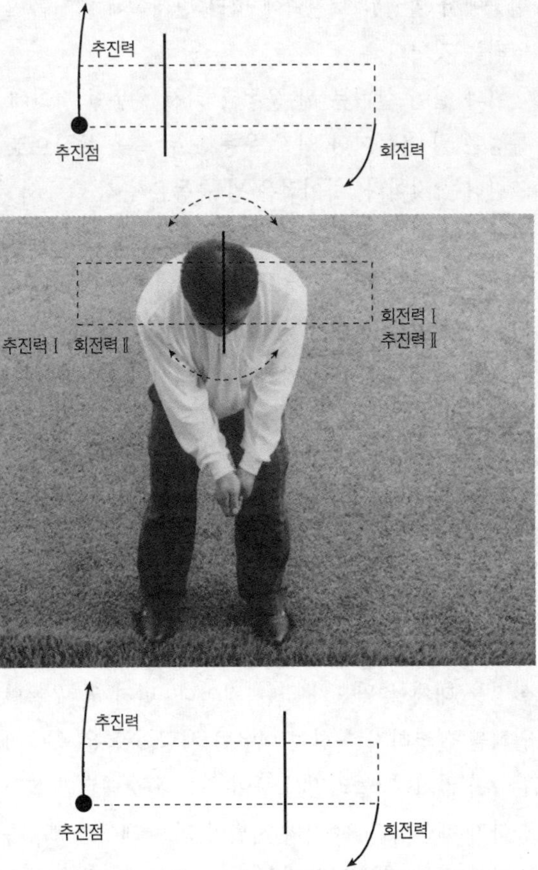
추진력
추진점
회전력
추진력 Ⅰ
회전력 Ⅱ
회전력 Ⅰ
추진력 Ⅱ
추진력
추진점
회전력

한쪽에서 발생된 추진력에 따라 반대쪽에 회전을 일으킬 수 있다는 것이다.

위와 같이 살펴본 원 운동과 회전 운동의 정의에 따른 공통점은 원 운동이나 회전 운동 모두 축을 중심으로 원 호를 그린다는 것이다. 차이점은 원 운동은 중심 축에서 추진력이 발생되어 원 호를 그리는 반면, 회전 운동은 중심 축에 연결된 각 끝 지점에서 양쪽 또는 한쪽에 주어진 추진력으로 그 반대편이 영향을 받아 원 호를 그리게 된다는 것이다. 거기에 작용과 반작용까지 원에 따른 회전 운동으로 함께 설명이 가능하다.

3. 원 운동을 대체할 수 있는 회전 운동

위에서 살펴본 바와 같이, 골프 스윙에서 원 운동으로 스윙을 서술하다 보면 모순이 발생한다. 이에 원 운동의 한계, 모순점을 보완하기 위해서는 추진력에 따른 회전 운동으로 설명을 대체할 필요가 있는 것이다. 단지 원 운동의 원리로 인체를 설명하지 못하는 이유는 사람의 몸은 용수철과 같은 탄성이 없기에, 돌리면서 풀어 주는 원상태로의 복귀가 불가능하기 때문이다. 추진의 시발이 되는 테이크 백, 즉 어드레스에서 바른 자세로 출발하였다 하더라도 테이크 백에서 백 스윙, 그리고 톱 오브 스윙까지의 원을 그린 후 이것을 중심에서부터 풀어 주는 과정, 즉 테이크 다운/ 다운 스윙에서 임팩트, 팔로우-스루, 피니쉬 까지의 연결이 쉽지 않다는 것이다. 이에 앞에서 말한 인체의 조건과 원 운동의 한계를 극복하기 위해서는 회전 운동의 원리를 적용하여 더욱 기능적인 골프 스윙을 이끌어 내야 한다.

이는 즉, 한번의 추진력으로 회전하였다가 다시 반대쪽이 추진하여 회전하는 것으로, 스윙의 원리를 정확히 알 수 있는 것이다. 바로 어드레스의 기본 자세에서 오른쪽 어깨의 리드로 실제 축은 인체의 두 다리로 분배, 이동되는 것이다. 추진에 따른 회전력은 오른쪽 회전에 용이한 오른쪽 무릎을 고정시키면 자연히 오른쪽 다리에 체중이 실리게 된다. 여기에서 골반은 고정된 하체와 회전될 상체를 부드럽게 이어주는 역할을 하고, 이에 옆구리와 상체의 회전이 생기게 되는 것이다.

이 원리의 적용이 어드레스를 시작으로 테이크 백, 백 스윙, 톱 오브 스윙, 테이크 다운, 다운 스윙, 임팩트, 팔로우-스루, 피니쉬 까지인 것이다. 즉 추진력에 따른 회전으로 그 원의 지름이 다르며 이로써 볼을 자율적이고 좀 더 쉽게, 한계성을 넘어서 다룰 수 있다.

4. 운동 원리의 방향 전환 동기

앞에서와 같이, 그 동안 원운동으로 인식되어 온 골프 스윙의 운동 원리의 방향 전환 동기는 골프 스윙을 단순하고 배우기 쉽게 하기 위해서이다. 필자는 무엇보다도 적절한 원리의 적용과 이에 따른 적절한 실전의 행위가 필요하다는 것을 절실히 느꼈다. 거기에 20여 년간, 나 자신이 배우고 가르쳤던 세월에서 기본적 습득과 가르침을 토대로 원 운동 원리를 골프 스윙에 적용시키는 그 자체에 문제점이 있고, 그에 따라 골프 스윙의 운동이 바르지 못했다는 결과도 얻을 수 있었다. 이에 골프 스윙에 좀더 적절한 원리와 그에 따른 바른 실전을 찾고자 했고, 이 노력으로 보편적으로 알려진 원 운동과 회전 운동 원리가 다르다는 결론에 도달하게 되었던 것이다.

이 원리의 도입과 그에 따른 지도에서 더 확실성을 얻어 골프 스윙의 절대적 원리를 이끌어 낼 수 있었고 이것으로 기존 원심력의 원리에서 회전의 원리로 바꾸게 된 것이다.

이 추진과 회전의 원리는, 계산되고 각 단계에 따라 정해진 폼이나 각도 위치의 제한이 없이, 단지 고정 축을 중심으로 한쪽의 추진으로 인해서 다른 한쪽이 회전한다는 원리로서, 훨씬 단순화되고 총괄적인 골프 스윙이 될 수 있는 가능성을 내포하고 있다.

5. 회전 운동 원리 적용의 타당성

기존 골프 스윙에서 골퍼들에게는 스윙에 따른 단계와 그에 요구되는 신체적 제한이 많았다. 이에 자신이 지정한 위

치에 볼을 치고자 하는 요구에도 많은 신체적 변화를 필요로 했다. 그러나 원 운동이 아닌 회전 운동의 원리를 적용하게 되면, 단계별 스윙에 따른 신체적 조작이 아닌 단지 신체의 우회전과 좌회전에 따른 스윙이라는 단순한 조작만 가하는 것이 가능하다. 즉 볼을 두고자 하는 위치에 두기 위해서는 추진에 따른 우회전과 좌회전으로 이해할 수 있다는 것이다.

여기에는 또, 우회전은 좌회전의 보조 역할일 뿐이며, 보통 골퍼들의 제한적 논리로서보다는 단지 우회전과 좌회전의 단순 논리로서 주와 부의 의미이다. 회전의 원리를 잘 이해하고 적용한다면 훨씬 수월하고 단순화된 바른 스윙을 이끌어 낼 수 있는 것이다. 우회전은 단지 부일 따름이고, 공을 칠 수 있는 실질적인 스윙의 주 역할은 좌회전이 한다고 볼 수 있다. 이는 원 운동의 원리로써는 도저히 설명할 수 없고, 회전 운동 원리로써 그 적용이 적합한 것이다.

이는 일정하게 정해진 기존의 스윙 궤도를 유지한 채, 원 운동과 같이 중심을 고정한 상태로 어드레스에서 임팩트까지 같은 궤도를 형성한다. 하지만 회전 운동을 적용하게 되면 일정하게 정해진 스윙 궤도로 인위적인 짜맞춤식의 행위가 아닌 우회전과 좌회전에 따른 팔과 손, 클럽이 클럽 헤드의 중력과 함께 지름의 변화에 용이하게 스윙 궤도를 달리

해서 운동할 수 있다.

이렇듯 변화 가능한 회전 운동이기에 이 회전의 원리를 골프 스윙에 적용시키는 것이 타당하다는 것이다.

6. 회전 운동의 원리

이제 회전 운동의 원리를 알고 그것을 골프 스윙에 응용, 바른 스윙을 이끌어 내는 법을 구체적으로 알아보자.

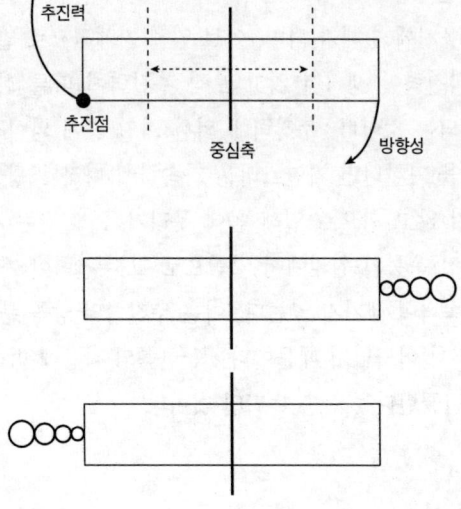

앞에서 회전 운동의 원리는 축을 중심으로 한쪽에 추진력을 가하면 반대쪽이 회전하는 것이라고 밝혔다. 오른쪽에서 먼저 추진력을 가하였다면 오른쪽 방향으로 회전하고, 왼쪽으로 그 추진력이 유도되면 회전력은 왼쪽 방향으로 일어나는 것이다. 여기에 추진력을 가할수록 회전 속도가 빨라지며, 자체적으로 가속도가 붙으면 여기에서 바로 원심력과 회전력이 생기면서 빨라지는 것이다.

그러나 이 때 추진력의 작용을 받아 회전하고 있는 쪽에 다시 추진력을 가하게 되면 추진력의 반대쪽에 영향을 주어 가속의 유지에 방해가 되며, 이로 인해 자체적으로 발생되어야 할 회전력이 생기지 않고 오직 추진력에 따른 회전만이 생기게 되는 것이다. 추진력에 의한 회전 중에 의식적인 행위나 힘을 가한다면 자연스러운 가속력에 따라 스윙 궤도가 그려지지 않고 힘으로 인해 몸에 무리가 오게 되는 것이다. 물론 회전 운동의 원리에서 양쪽으로 그 추진력이 가해지는 것도 가속력이 생기지 않는다. 이는 추진력의 양쪽 분산으로 기본부터가 어긋났기 때문이다. 즉 한쪽의 작용에 따라 다른 한쪽이 이끌린다는 단순 논리인 것이다.

7. 회전 원리의 인체 적용

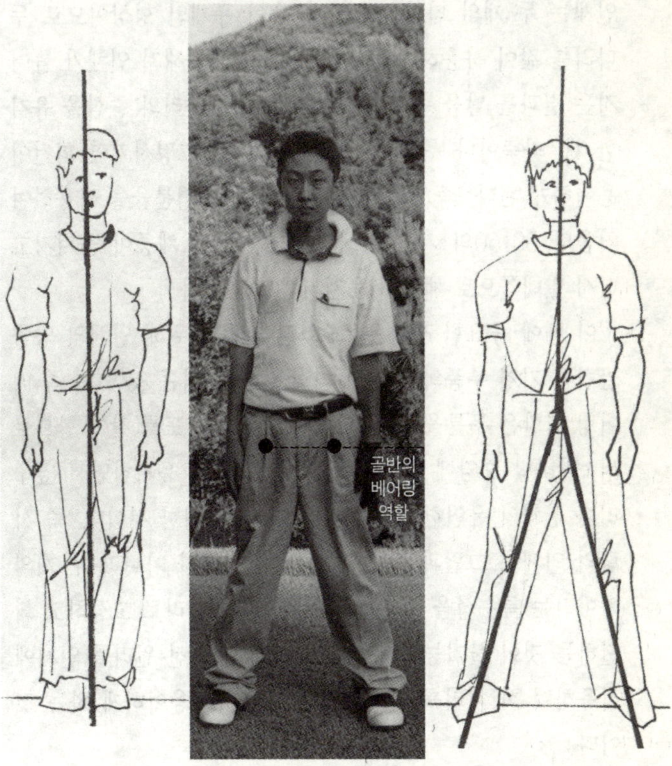

하나의 축형성   골반의 베어링 역할   50:50 (체중의 분배)

축이 하나의 중심으로 상체의 회전을 원활하게 한다. 그러나 인체는 중심 축이 하나가 아닌 두 개다. 그래서 사람의 인체는 두 개의 다리, 즉 고정 축이 두개인 형상이므로 두 다리를 같이 사용하게 되면 회전이 불가능해져 인체가 틀어지는 결과를 낳을 수 있다. 그러므로 두 다리의 중심을 유지한 채, 좌측이나 우측 중 하나를 축으로 고정시키면 회전이 용이하게 된다. 즉 기존의 양분이 아니고 백분율을 적용하여 처음의 50:50의 기준 점에서 한 쪽에 그 체중이 옮겨지고 다시 반대쪽으로 체중이 옮겨지는 원리이다.

이 때에 중요한 사항은 그 회전을 돕기 위해 인체의 양쪽 골반이 기계 부품의 베어링 역할을 하게 되는 것이다. 즉 베어링 역할은 무릎을 구부려 줌과 골반의 각도를 같이 함으로써, 발바닥 중앙에 체중이 실려 중심 축을 유지하면서 옆구리나 상체의 유연한 회전을 이끌어 내기 위한 것이다. 즉 사람의 인체는 그림과 같이 고정 축이 하나가 아니라 두 개의 축이라는 특수성을 내포하므로, 두 개의 다리로 고정하고 회전하는 것이 불가능하다는 인식 속에서 회전 원리를 인체에 적용하여 한 다리를 축으로 고정, 회전을 용이하게 하는 것이다.

III. 본론

스윙(swing)
어드레스(address)

우회전시 3단계
테이크 백(take back)
백 스윙(back swing)
톱 오브 스윙(top of swing)

좌회전시 5단계
테이크 다운(take down)
다운 스윙(down swing)
임팩트(impact)
팔로우-스루(follow-through)
피니쉬(finish)

골프 스윙에 있어서 그 기본 원리가 되는 중심 축의 고정과 추진력, 그에 따른 회전력의 원리를 적용하여 기본 자세가 되는 어드레스에서부터 전체적 요소들을 살펴보자. 우회전 시 3단계, 좌회전 시 5단계로 구분하여 단계적 정의와 목적을 알고 그에 따른 정도를 추진력과 회전력의 측면에서 이해하는 방법으로 골프 스윙을 익혀 가도록 하자.

1. 어드레스(address)

어드레스

골프 스윙에 있어서 어드레스란, 볼에 클럽을 재고 겨누는 일이다.

골프 규칙에는 "플레이어가 자세를 취하고 클럽을 땅 위에 놓았을 때를 어드레스로 인정한다"고 되어 있다. 이 자세는 스윙을 하기 위한 기본 준비 자세로서, 그 필요성과 중요성은 아무리 강조해도 지나침이 없다.

이 어드레스는 매우 기초적인 것이기도 하지만, 쉽게 익히기가 어렵고 또한 틀어지기 쉬운 것이 어드레스다. 처음부터 자신의 체형에 맞는 자세를 형성하되, 이것이 얼마나 편하고, 자연스럽고, 바르게 유지되느냐에 따라서 잘 칠 수 있는 지를 결정하는 것이 바로 어드레스인 것이다.

어드레스의 요령

앞에서 그 필요성과 영향력에 따른 중요성을 언급한 대로, 이미 학습된 사람이라면 그 중요성을 더 절실히 느끼고 있을 것이다. 이 어드레스는 스윙의 기본 자세이며 준비 자세이다. 그러므로 우리 한국인의 체형, 더욱이 자신의 체형에 맞도록 자연스럽고 편해야 한다. 서적이나 학습을 통해 익힌 자세나 자신에게 맞지 않는 어드레스가 아닌 자신에게 맞는

 자연스러움을 찾길 바라면서, 그 기초적 요령을 간단히 살펴보도록 한다.
 우선 어드레스의 자세는, 사람의 체형이나 클럽에 따라 자신의 어깨 길이 만큼 다리의 폭이 달라지는데, 이는 클럽의

길이에 따라 충분히 변할 수 있는 유동성이 부여된다. 다리를 벌리고 서는 자세부터 시작해 다음으로 인사를 하듯 머리를 숙이는 자세로 상체를 숙여 준다. 이 때 허리와 등, 즉 척추는 곧게 직선이 되도록 펴는 것이 바른 자세로 허리에 무리가 없도록 해야 한다. 이 상태에서 엉덩이를 다소 빼듯이 뒤로 밀어내고 골반에는 힘이 들지 않게 앉아 줌으로써 회전이 쉽도록 하며, 다리는 앉듯이 무릎을 탄력 있게 조금 굽혀 주는 정도가 적당하다. 이 때 엉덩이를 너무 빼면 허리에 무리가 커지기 때문에 자신의 체형에 적당한 위치라야 한다.

그리고 양팔은 자연스럽게 앞으로 내려 준다. 우선 왼손으로 그립을 잡고 왼팔 부위는 곧게 뻗어 손목의 접히는 부분이 앞을 향하도록 하며, 오른팔은 팔꿈치가 약간 굽어 안으로 다소 들어간다는 느낌에서 양 손목의 수평을 같은 각도로 유지하면서 왼손과 겹치도록 그립을 잡는다. 이로 인해 어깨의 수평이 틀어질 수 있는데, 오른쪽이 다소 쳐진 듯 유지하되 이것이 지나치게 낮아지는 것은 방지해야 한다. 마지막으로 머리와 시선의 위치는 공에 두는 것이 적당하다.

준비된 자세, 모든 스윙의 기본이 되는 어드레스가 자신의 체형에 맞는 안정적이고 편안한 자세로 구축이 된다면 좋은 어드레스가 될 수 있음을 확신한다. 그러나 신체의 어느 부분이라도 힘이 들어가 가중적 증상이 나타난다면 이것은 잘못된 자세로 수정을 요한다. 힘이 들어가고 고정된 어드레스 자세로는 좋은 스윙을 기대하기란 매우 어려운 것이다.

올바른 어드레스 자세

좀 더 구체적이고 형상화된 자세를 살펴 신체 부위별로 설명하고자 한다. 정확한 어드레스로 더 효과적이고 안정적인 바른 스윙을 자연스럽게 이끌어 내기 위함이다.

첫 번째, 선 자세에서 출발한다.

다리는 자신의 신체와 클럽의 길이에 따라 안정적으로, 어깨 넓이를 기준으로 다리의 폭을 자연스럽게 벌려 준다.

두 번째, 곧게 선 자세에서 인사하듯이 상체를 굽힌다. 상체를 자연스럽게 굽히는 것이지 의도적으로 등을 굽히는 것이 아님을 상기하자.

세 번째, 머리와 그 시선은 클럽의 헤드에 고정시킨다.

네 번째, 엉덩이를 뒤로 다소 빼준다는 기분으로 앉되, 힘을 빼고 골반이 주축이 되어 몸통이 회전할 수 있도록 한다. 이 때 너무 엉덩이 부분을 지나치게 뒤쪽으로 뺀다면 척추 부분에 힘이 가해져 무리를 느낄 수 있으니, 항상 자신에게 맞는 자연스러운 자세를 취한다.

다섯 번째, 무릎은 앞 발가락 머리 정도에 각도가 수직으로 맞춰지도록 탄성 있게 굽히되, 골반의 각도와 같게 유지한다. 너무 많이 굽히는 것은 오히려 자세와 중심 체중의 분배에 어려움을 주게 되어 무리가 따르니, 무릎이 너무 붙거나 떨어지지 않게 체중의 분배가 이루어질 수 있을 정도의 탄성만을 주면 된다.

여섯 번째, 양팔은 자연스럽게 앞쪽으로 내려 주면서 그 위치에서 샤프트를 잡아 주고, 클럽을 공의 뒤쪽에 놓아주는

 이종병 Pro의 회전이론 골프! 알고보면 단순하다

것이다. 왼팔의 접히는 안쪽이 자신의 몸과 같은 방향으로 보이도록 펴주고, 오른팔은 왼팔과 수평이 되도록 하여 다소 굽혀 준다는 느낌으로 오른 손목과 왼 손목을 같은 각도로 유지하여 샤프트를 잡아 주는 것이다.

의도적으로 팔의 모양을 만들다가 어깨의 수평이 오른쪽으로 심하게 기울 수 있으니, 최대한 편한 자세를 취하는 것이 좋다.

왼팔을 너무 곧게 펴면 팔 안쪽에 힘이 가해지고 또 손목에 힘이 가해지게 되면 의도적으로 모양을 잡게 된다. 이로 인해서 클럽의 고정이 어렵고 원심력을 일으키는 지름에 지장을 주게 됨은 물론, 팔과 어깨에 힘이 가해져 스윙은 엉망이 되어 버린다. 팔과 모든 신체가 힘의 절제와 함께 자연스러움을 유지한 상태여야 하는 것이다.

어떤 신체 부위의 자세가 틀리거나 또는 불필요한 힘이 가해지면, 거기에 상응되는 반응이 반드시 따르게 되므로 바른 위치를 찾아 주여야 한다.

어드레스의 회전에 따른 중심 축 고정

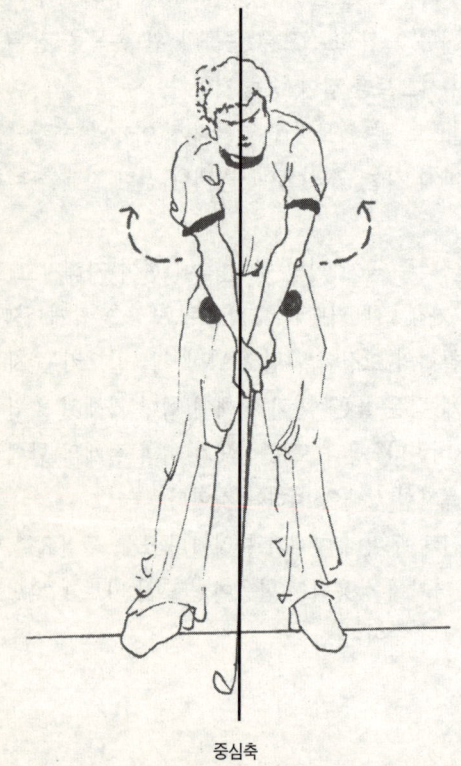

중심축

어드레스시 중심축의 고정

어드레스는 그 중심을 발바닥 중앙에 두고 몸통의 회전을 용이하게 하도록 엉덩이를 뒤로 빼면서 골반에 힘을 가하지 않은 자세로 한다. 이는 골반에 따른 몸통의 회전이므로, 그 축은 항상 50:50으로 양분된 양 무릎을 통해 발에 그 중심이 고정되어 있어야 한다. 물론 몸통에 따른 척추의 상태도 곧고 바른 직선을 유지하고 있어야 하며, 이 모든 것이 하나의 축으로 균형있게 맞춰져 있어야 하는 것이다. 이 축을 기본으로 모든 골프 스윙이 그 회전을 용이하게 하므로 의도적으로 어깨를 든다거나 내리치는 동작, 또는 팔과 손목, 손을 쓰는 동작, 그리고 스탠스를 도중에 바꾸는 동작들을 막을 수 있다.

몸통의 회전에 의한 원심력으로 우회전 시 오른쪽 어깨의 리드를 시작으로 오른쪽 무릎으로 그 중심 축과 체중이 이동되면서, 골반의 베어링 역할로 상체나 옆구리의 회전에 따른 어깨, 팔, 손과 클럽 그리고 클럽의 헤드가 궤도를 그리게 되는 것이다. 여기에 좌회전의 과정까지, 이 두 행위로 볼을 쳐주는 것이다.

중심을 잡을 때에는 골반과 무릎의 구부린 각도가 같고, 힘을 가하지 않고 다소 앉은 상태로 편안한 상태이다. 이는 신체의 중심을 연결함에 있어서 회전과 원심력을 적용해 균형을 잡기 위한 매우 중요한 사항이다. 그 작용에 따르는 부수적인 부분으로, 중심 축의 고정은 매우 중요하다.

회전축 (정면)

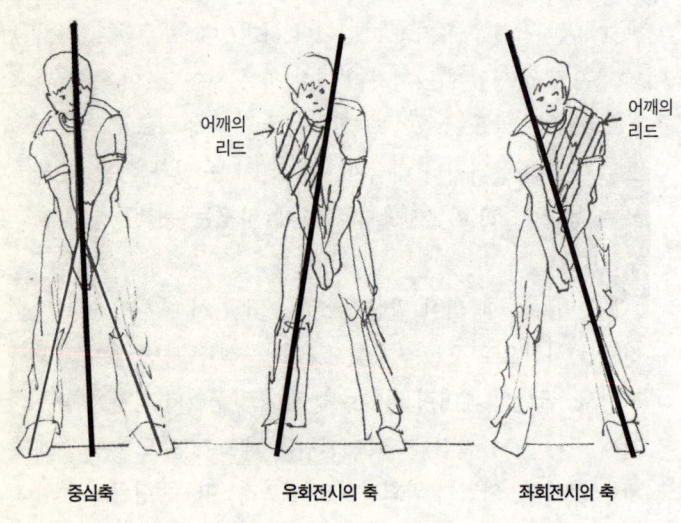

중심축　　　　　우회전시의 축　　　　　좌회전시의 축

기본적인 중심축이라면 인체의 척추가 하나의 축이겠지만, 골프 스윙에서 회전 시의 실제 축은 위의 두 번째와 세 번째 그림에서와 같이, 발바닥의 중심을 거쳐 무릎, 골반과 상체와의 연결선이 좌, 우측의 실제 축이 되는 것이다.

두 번째 그림은 우측이 추진력을 발생시켜 오른쪽으로 회전할 때의 회전축으로 우선 오른쪽 어깨의 리드로 시작되어 하나의 무게 중심에서 오른쪽 발바닥 중앙과 무릎으로 그 체중을 옮기면서 골반의 베어링 역할에 따른 옆구리나 상체의 회전축이 되는 것이다.

세 번째 그림은 반대의 축으로, 톱 오브 스윙까지 회전 시 사용되었던 축을 왼쪽으로 옮기면서 왼쪽 어깨의 자연스러운 리드에 따라 그 축이 왼쪽 중심 발바닥과 무릎으로 옮겨져 고정, 상체나 옆구리의 회전을 용이하도록 유도하면서 반대쪽의 추진력에 따른 회전이 일어나게 되는 것이다.

이를 골프 스윙에서 위 그림들과 연관하여 단계를 결정한다면, 어드레스의 기본 자세를 시작으로 우회전 시 테이크백, 백 스윙, 톱 오브 스윙까지로 하고, 좌회전 시 다시 테이크 다운을 그 시작으로 하여 다운 스윙, 임팩트, 팔로우스루, 피니쉬 까지로 본다. 즉 인체는 양다리로 각 축을 구축한 채 회전하기 때문에 우회전, 좌회전이라고 말할 수 있고, 우회전과 좌회전의 개념이 골프 스윙에서의 단계들과 동일한 개념이라고 볼 수 있는 것이다.

회전축(윗면)

앞에서는 인체의 정면에서 그 회전축을 살펴보았다. 그렇다면 이제 회전축을 인체에 더 적당한 좌회전과 우회전이라는 새로운 개념으로 이해하기 위해, 서있는 상태에서 머리 위의 회전을 보고자 한다.

중심 회전축

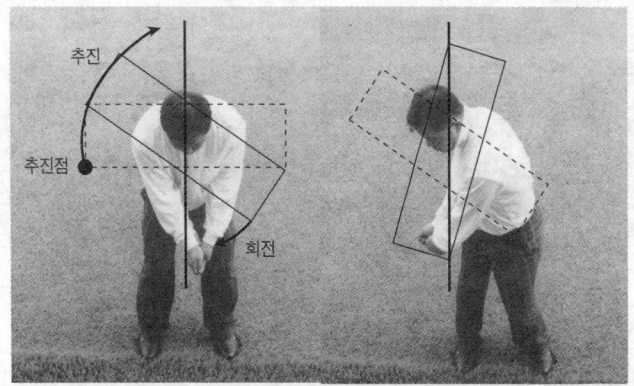

우회전시 (Address 부분) Top of Sing 시 (90° 회전)

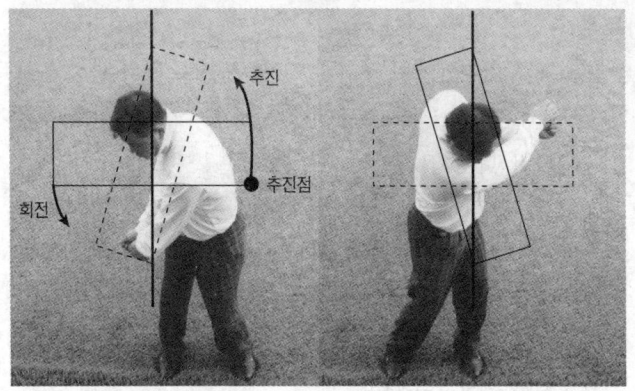

좌회전시 (Impact 부분) Finish시 (180° 회전)

우회전은 우측 어깨를 회전하면서 회전의 추진으로 어깨를 움직이고 체중이 오른쪽으로 이동되면서 무릎과 중앙 발바닥을 축으로 고정시킨다. 이 때, 골반은 베어링 역할을 하며 옆구리나 상체의 우측 회전을 유연하게 돕는 것이라고 했다. 우회전이 끝나는 지점에서 새롭게 좌회전이 시작되는데 이 좌회전은 좌측 어깨의 리드로부터 무릎과 발바닥 중앙에 그 축이 고정되며, 좌측의 상체나 옆구리가 회전하는 것이다.

그러면 일단 인체의 중심 머리를 고정 축으로 위에서 보도록 하자.

양어깨의 한쪽에서 추진력이 발생되고 반대쪽에서 그에 따른 회전이 일어난다는 원리가 여기에서도 적용된다.

어드레스의 자세에서 우회전 시 톱 오브 스윙의 과정을 보면, 어드레스에서 90도 전후의 각도로 톱 오브 스윙까지 회전하였다가 다시 좌회전의 피니쉬까지 180도 전후하여 회전하게 된다. 다시 말하면 우회전의 3단계에서 추진하여 90도 전후로 회전하고, 다시 좌회전의 5단계에서 추진하여 180도 전후로 회전하게 되는 것이다.

우회전과 좌회전의 역할
골프 스윙은 우회전과 좌회전으로 나뉜다. 즉, 이 두 회전,

우회전과 좌회전을 합한 것이 골프 스윙인 것이다. 이 때의 우회전은 좌회전의 보조 역할로서 좌회전의 스윙 궤도를 크게 하는 역할을 하며, 좌회전은 스윙의 주된 역할을 하는 것으로 실제 볼을 치는 회전을 말한다.

우회전 시에는 우측을 중심으로 사용된 회전으로 좌측은 우측이 이끄는 대로 실행된다. 좌회전 시에도 우측은 단지 따라갈 뿐이며 지탱을 하여 도와주는 역할인 것이다. 즉 회전의 원리로 한쪽에 추진을 가하면 나머지 한쪽은 그 가해진 추진에 따르는데 이는 인위적인 사고나 그에 따른 행위에 의해 사용되는 힘이 아니다. 골프 스윙에서의 모든 것은 원리를 기본으로 한 추진에 따른 회전일 뿐, 일정한 틀에 인체를 맞추는 것이 아님을 다시 한번 강조한다.

어드레스(address)의 체중 분배

어드레스의 체중 분배 (좌, 우)

체중의 분배는 처음 어드레스에서는 양발에 50:50의 체중을 실어주는 것을 기본으로 한다. 준비 상태에서는 어느 쪽으로든 체중을 실어줄 수 있는 상태로 시작해서 스윙의 각 단계에 따라 좌, 우의 체중 분배가 용이해야 하기 때문이다. 이러한 체중 분배 또한 자연스러운 것이어야 한다.

 백 스윙 때는 오른쪽 다리를 축으로 하되 어드레스 상태를 그대로 유지한다. 이 때 추진을 가하는 쪽으로 중심이 이동하며, 반대 쪽 다리의 체중도 자연스럽게 옮겨지는 것이다. 이는 체중을 오른쪽으로 실어 주는 결과이다. 다운 스윙 시에는 오른쪽의 체중이 왼쪽으로 이동되면서 오른쪽은 자연스럽게 빠진다. 어느 때든 회전에 의한 체중 분배를 하는 것이 최상이며 스윙 시에도 자연스럽고 편안한 분배를 통해 좋은 효과를 얻어 낼 수 있다. 또한 체중 분배는 좌우의 회전 정도에 따라 자연스러운 비례로 체중 이동이 동일하게 일어난다는 것을 염두에 두어야 한다. 즉 이동된 만큼 반대쪽에선 감소가 일어난다는 것으로, 이 또한 의도적 행위가 아닌 오직 추진에 따른 회전에 의해서만 이루어진다는 것을 명심하자.

어드레스의 체중 분배 (앞, 뒤)

체중의 앞, 뒤 분배를 살펴보면, 몸통을 중심으로 힘을 써야 하는 운동이나 중심을 잡아 주며 해야 하는 운동들은 대개 체중을 앞쪽으로 실어 주게 되는데, 골프는 회전을 하는 운동이므로 발의 중앙에 체중을 실어야 한다. 몸통의 중심을 잡으면서 발의 중앙에 체중을 실어 스윙을 하는 것이 좋다. 바른 어드레스가 취해지지 않으면 나쁜 샷이 나올 것이다. 최대한 자연스럽고 편한 것이 모든 기초의 핵심임을 다시 한 번 강조한다.

스탠스

스탠스는 플레이어가 볼을 치기 위해 양발의 위치를 정하는 행위로, 적당한 스탠스, 자연스러운 스탠스, 편안한 스탠스를 취한다는 것은 어깨 넓이만큼 발을 벌려 주는 것을 의

미한다. 하지만 스탠스는 클럽의 길이에 따라서 조금씩 달라질 수 있다. 스탠스의 폭은 기본적으로 클럽이 길수록 넓어지며 짧을수록 좁아진다. 이는 클럽 헤드가 그리는 궤도의 크기가 달라지면서 몸통의 중심을 자연스럽게 잡아 줄 수 있기 때문이다. 클럽의 길이에 맞도록 스탠스를 자연스럽게 구사하는 것도 원하는 스윙의 효과를 기대할 수 있다. 체중은 양발 중앙에 두되, 이 때의 자세로 어깨, 무릎, 양발이 각각 평행을 유지하는 것이 바른 자세다.

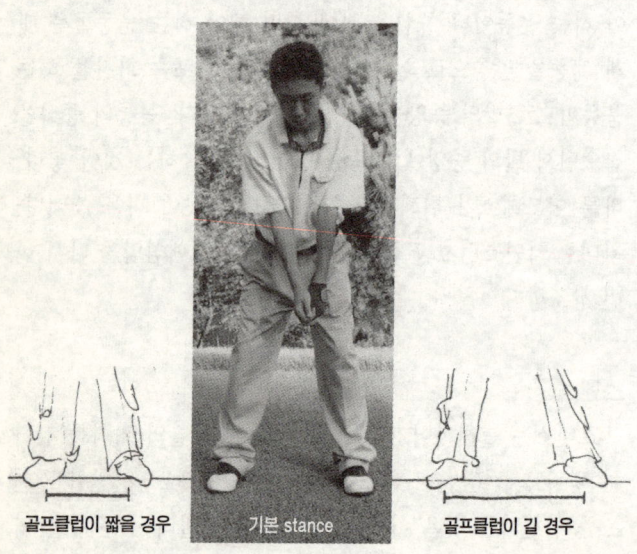

골프클럽이 짧을 경우   기본 stance   골프클럽이 길 경우

골반의 역할

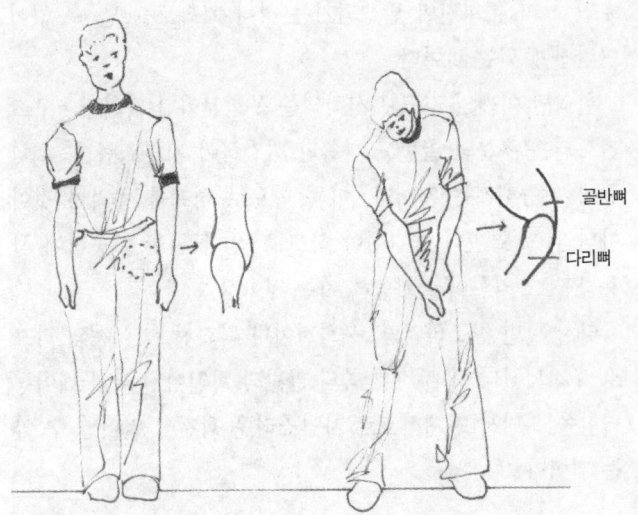

상체와 골반을 통한 다리가 고정된 상태   상체와 골반을 통한 다리가 이탈된 상태

골프 스윙에서 골반의 역할은 추진에 따른 회전을 용이하게 하는 베어링 역할이다. 상체나 하체가 고정된 상태로는 회전력이 발휘될 수 없기에 골반을 뒤로 빼주듯이 힘을 뺀 상태로 다리를 고정하고 상체를 회전하는 과정에서 골반이 베어링 역할을 하게 되는 것이다.

이렇게 골반은 상체와 하체를 분리시키는 역할을 하게 된다. 그래서 의도적으로 양쪽 골반을 동시에 회전하게 되면, 추진에 따른 회전이 발생되기는 하나 가속도를 낼 수 없어 곤란하게 되는 것이다.

한쪽만 어깨의 리드로 시작되는 우회전이나 좌회전 시, 그 리드되는 부분의 골반도 한쪽만 회전하여 자연스럽게 그 연결이 가능해지는 것이다. 이는 힘으로 히프를 돌리는 것이 아니라 그 골반이 움직여야 하므로, 양쪽 골반을 동시에 사용하면 그 역할이 불가능해 지는 것이다.

다시 한번 강조하지만, 우회전이나 좌회전 시 어깨의 리드로 추진되었다가, 추진된 쪽의 골반의 회전이 정확한 베어링 역할을 하면서 전체적으로 자연스러운 회전이 일어날 수 있는 것이다.

손의 역할

골프 스윙에서 손은 클럽이 빠져나가지 않도록 해주며, 팔과 손이 클럽 헤드와 함께 지름의 역할을 유지하게 하면 되는 것이다. 여기에서 특별한 손목의 사용이나 모양새를 갖추려 한다면 손의 역할에서 벗어나 몸에 무리가 따르게 되고 원하는 스윙을 얻어 낼 수 없는 것이다.

왼손

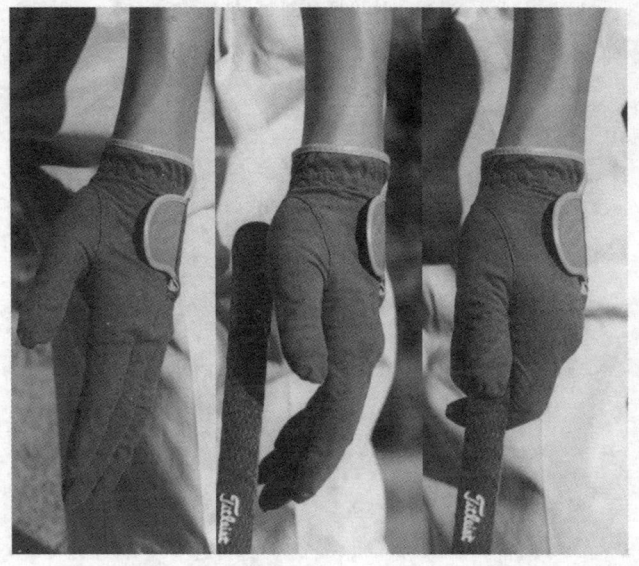

왼손과 손목은 편안히 떨어뜨린 상태에서 샤프트를 쥔다고 생각해야 한다. 이 때 측면을 보면, 왼손을 잡을 때 새끼 손가락 뿌리에 걸치되, 세 개의 손가락 장지/ 중지/ 약지에 안락하게 끼우기 위해 약지 위치보다 약간 위쪽으로 샤프트를 두는 것이 좋다. 이 상태에서 나머지 손가락 위로 얹혀진다는 기분으로 놓아준다. 이 때 주의할 점은 손목에 의도적인 힘을 가하지 말아야 샤프트 각도와 팔의 각도에 무리가 없다는 것이다. 팔의 어느 부분에도 힘을 주지 않고 편안하게 샤프트를 쥐어야 한다.

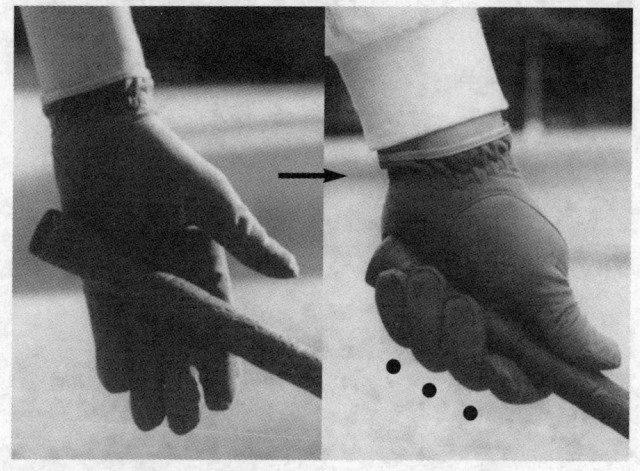

약지에서 중지, 그리고 장지까지 세 손가락을 힘의 원천으로 본다. 이 세 손가락으로 샤프트를 쥐는 것이다. 여기에서 검지 손가락은 약간의 갈고리 모양을 형성하고, 엄지는 손잡이의 중앙선에서 약간 오른쪽으로 틀어져 있는 형식을 취한다. 클럽 페이스를 정확히 유지하는 것은 왼손 그립이 스윙하는데 있어서 중요한 역할이다.

오른손

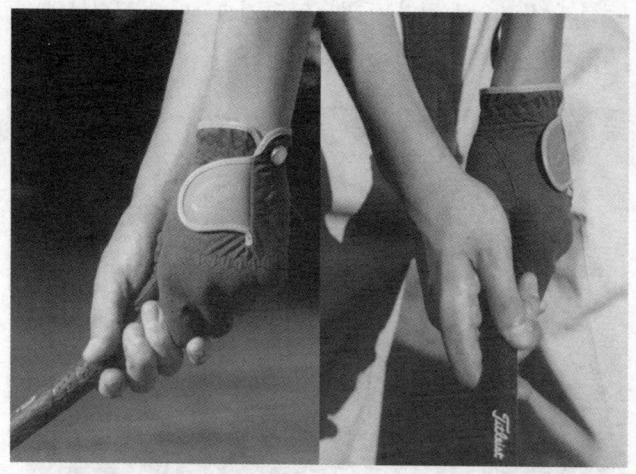

왼손은 엄지 위의 도톰한 부분과 오른손 바닥 위쪽 손목 아래의 움푹 들어간 부분을 맞춘 듯이 포갠다. 이 때 오른손은 왼손의 엄지를 감싸면서 빈틈없이 샤프트를 잡고 검지는 힘없이 걸친 후, 엄지는 샤프트의 중앙에서 비켜 샤프트를 조절할 수 있게 측면에서 다소 민다는 기분으로 기대어 준다. 오른손의 나머지 장지, 중지, 약지 중 장지와 중지는 왼손과 밀착되듯이 샤프트를 가볍게 감아 주고, 약지는 왼손의 검지와 장지 사이에 끼워 주듯이 얹혀 준다. 왼손의 장지,

중지, 약지로 샤프트를 쥐고, 나머지 손가락들은 단지 샤프트를 안정적으로 쥔다는 기분으로 감싸주면서 클럽이 빠져나가지 않도록 끈의 역할을 한다.

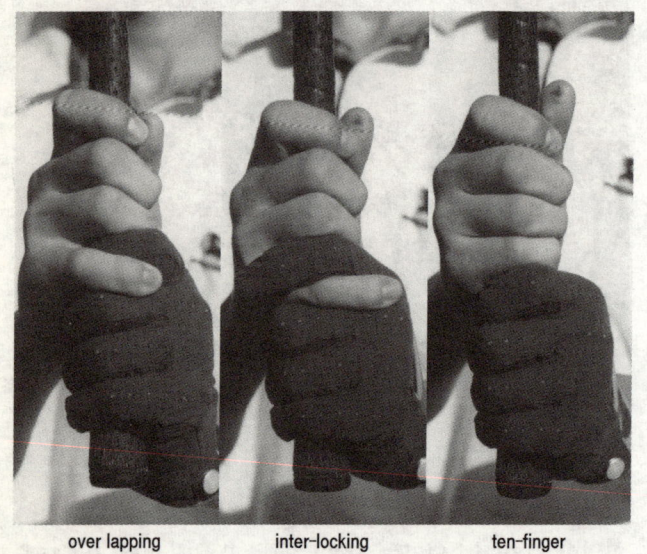

over lapping   inter-locking   ten-finger

그립(grip)

보통 우리가 사용하는 그립의 방법으로 오른손으로 감싸 주는 방법에 오버 랩핑, 인터 록킹, 텐 핑거 세 가지로 나뉜다. 앞에서 설명한 오버 랩핑이 가장 많이 보편화된 실정이다.

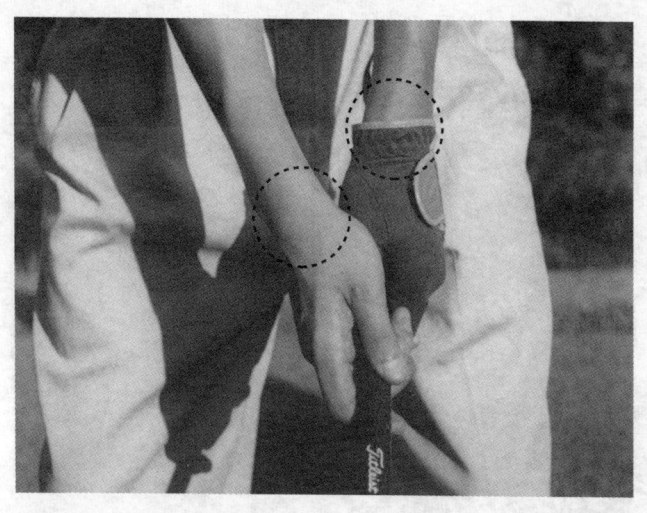

 마지막으로 그립은 항상 그대로 유지해야 한다. 그립 시 양 손목은 같은 각도를 유지해야 하며, 오른손과 왼손은 최대한 일치감을 줄 수 있도록 하여 양팔을 양손과 같은 각도를 유지하면서 곧게 펴야 바른 자세다. 그리고 측면에서 봤을 때, 왼손과 오른손이 돌출되는 부분 없이 수평을 유지하는 것이 바르며, 정면에서도 어느 정도 기울임은 있지만 의도적으로 기울여 어깨의 각도를 방해해서는 안 된다. 이 또한 자신의 신체에 맞는 안정적이고 자연스러운 그립이어야 한다.

팔의 적용 부분

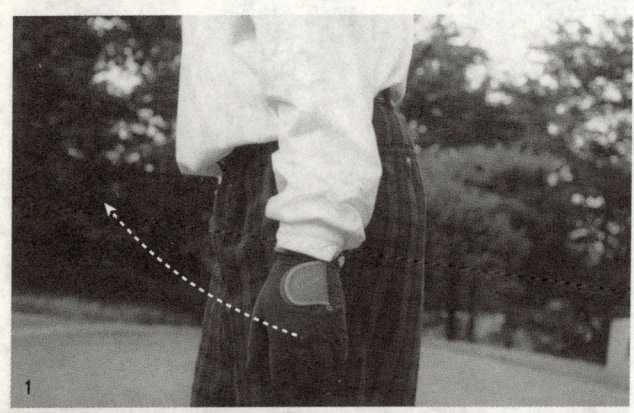

우회전시

좌회전시

골프 스윙에서의 팔의 역할이란 회전 시 그 지름이라고 정의할 수 있다. 클럽 헤드의 중력과 인체의 회전에 의해 생긴 궤도의 지름 역할인 것이다. 우선 우회전 시에는 동전을 던지듯이 헤드를 던져 주면서 지름을 줄여 헤드의 가속도에 따라 회전력으로 변화한다. 여기에서 지름을 줄인다는 것은 원운동에서 일정한 스윙 궤도에 따라 볼을 치는 것이 아니라, 지름을 줄여 팔의 회전이 쉬워지도록 하는 초기적인 작용인 것이다. 좌회전 시 어깨의 리드로 왼팔을 잡아 당겨 주는 역할을 하면서 왼손은 클럽 헤드의 중력에 이끌려 가속도를 더해 주는 것이다. 이때 의도적으로 팔을 사용하거나 각도를 유지할 것이 아니라 단지 버티어 주면서 클럽을 버림으로써 가속을 이끌어 내는 것으로 그 적용을 설명할 수 있다.

클럽(club)의 위치

 클럽의 길이에 따라서 그 각도의 변화는 유동적이라 할 수 있다. 이것 또한 자신의 신체에 맞는 편안하고 안정된 자세로 자연스럽게 위치해야 한다. 클럽과 상체의 적당한 거리는 어드레스 시 왼손을 편히 놓은 상태로 들어올리거나 내리지 않은 위치에서, 샤프트의 끝 부분과 주먹 하나 또는 두개 정도의 간격이다. 그러나 스탠스의 폭과 클럽의 길이에 따라서도 달라질 수 있으니, 이상적인 거리를 유지하기 위해선 올바른 어드레스로 중심을 취하고 있어야 한다.

클럽과 어드레스의 간격

클럽의 샤프트 끝 부분과 몸의 간격은 어드레스를 취한 자세에서 주먹을 쥔 손이 클럽에 따라 하나 또는 두개 정도가 들어가면 적당하다 하겠다. 대략 엄지손가락을 편 상태의 주먹 정도로, 클럽의 길이에 따라 짧은 클럽은 가깝게, 긴 클럽은 멀게 하여 잡는다.

클럽 헤드의 위치

 스퀘어 임팩트에서 클럽이 스퀘어 안에서 빠른 속도로 궤도를 통해 수직으로 맞추어야 하는 것을 스퀘어 임팩트라고 하며, 클럽의 방향이 틀어지면 원하는 위치로 날아 갈 수 없다. 스퀘어 안에서 바르게 클럽 헤드 부분을 볼 뒤에 두어야 한다. 클럽 헤드의 힐과 토우가 바닥과 수평의 위치에 있어야 하는 것이다.

 클럽 페이스의 정 중앙에 볼을 맞힌다. 클럽의 힐과 토우에 공이 맞는 것은 잘못된 것으로, 정확한 그립과 이를 유지하는 바른 자세로 쳐야 한다.

2. 우회전

테이크 백(take back)
백 스윙(back swing)
톱 오브 스윙(top of swing)

우회전

앞에서 정의된 회전력의 원리에 따라 중심축의 고정과 한쪽의 추진력에 따른 다른 한쪽의 회전력의 개념으로 우회전과 좌회전을 설명했었다. 우회전은 우측 어깨의 회전을 시작으로 하여 우측 무릎의 고정, 우측 옆구리와 상체 부분을 회전하면서 헤드를 동전 던지듯이 던지는 것이라 했다. 우회전은 단지 볼을 치기 위한 좌회전의 보조 역할로서 충분히 살펴보았다. 이 보조적 역할인 우회전을 골프 스윙의 단계로 구분하면 앞에서 서술된 어드레스를 기본으로 하여 1단계 테이크 백, 2단계 백 스윙, 3단계 톱 오브 스윙까지를 말한다.

1단계 - 테이크 백(take back)

골프 스윙에서의 테이크 백은 준비 자세이며 어드레스의 바른 자세에서 출발한다. 이 준비 자세가 스윙의 움직임이 시작되는 리드 부분인 것이다. 우측 어깨를 리드로 우측 무릎이 고정 유지된 채, 상체가 회전되는 정도에 따라 팔과 클럽이 어깨에 의하여 회전되는 상태를 말한다. 이 때 인체의 50:50의 체중 분배는 오른쪽으로 그 체중과 중심이 옮겨지기 시작하며, 오른쪽은 이끄는 개념으로, 왼쪽은 추진에 따

른 회전이 시작되는 개념으로 따라가기만 하면 되는 것이다. 리드를 위해서 의도적으로 손목과 팔을 사용하여 클럽을 돌리는 것이 아님을 다시 한번 상기할 만큼 중요한 부분이다. 고정축을 기준으로 힘이 빠진 골반이 자연스럽게 회전하는 것이지 이 원리 자체를 의도해서도 안 된다.

2단계 – 백 스윙(back swing)

 백 스윙은 스윙을 하기 위해 상체를 회전시키면서 오른쪽으로 회전력을 주는 것으로, 클럽을 공을 때리기 위한 가장 좋은 위치로 옮겨 놓는 것이라고 정의할 수 있다. 즉 백 스윙은 스윙을 하기 위한 힘의 생산이라는 목적을 가진다고 할 수 있는 것이며 어드레스의 위치에서 오른쪽 어깨 위로 향하는 궤도의 부분이다. 백 스윙시 어깨의 리드, 체중의 우 분배와 무릎의 고정, 상체의 회전, 이에 따른 팔의 회전, 클럽 헤드의 중력에 따른 궤도 형성 등이 일시적으로 일어나게 된다. 그러나 여기에도 우선 순위는 있다.

먼저 테이크 백에서 어깨의 리드로 시작, 백 스윙에서는 옆구리로 재추진함으로써 오른쪽 어깨와 팔이 클럽 헤드의 궤도와 함께 생산적 힘을 이끌어 낼 수가 있는 것이다.

이때의 적용도 추진에 따른 회전력이므로 어깨의 의도적인 변화나 손목, 팔의 사용이 클럽을 들어올리는 것은 아니다.

힘의 분배, 중심축, 어깨의 리드, 팔의 상태나 상황은 테이크 백의 연장으로 추진과 회전을 자연스럽게 유지시켜 주면서 서서히 그 모든 비율들이 오른쪽으로 더 이동되는 과정으로, 골프 스윙에서 회전을 최대화하는 단계라고 볼 수 있는 것이다. 이 때 철저히 헤드의 중력과 원심력이 회전력에 따라 크고 경쾌하게 연결되어 생산력을 높여야 한다.

 백 스윙 시 상체의 회전에 따라 각 부위들이 이끌리는 것으로 낮게 스치듯이 테이크 백을 유지하면서, 계속되는 상체의 회전에 의하여 팔은 어깨 방향으로 헤드를 동전 던지듯이, 그리고 편안하게 이루어지는 것이 가장 적당하다. 꼭 어느 위치에서 콕킹이 이루어져야 한다는 것을 의식하지 않도록 한다.

 샤프트를 쥔 손목과 함께 클럽 헤드의 중력과 몸통을 주축으로 회전에 따른 원심력을 이용해 던져 주는 것이다. 그러나 볼을 쳐내야 하는 것을 의식해서 의도적으로 손목을 위나 아래로 꺾어 클럽을 휘두르려고 하는 것이 초보자의 실수다.

단지 추진력과 회전력에 따른 중력과 원심력을 이용한 작용들에 의해 손목과 손은 어드레스 상태에서 이끌리는 것이다. 이와 같이 미리 콕킹을 의도해서도 안되며 행동을 취해서도 안 된다. 어드레스에서 백 스윙으로 연결될 때, 어깨의 리드, 체중의 분배, 상체의 회전에 따라 팔은 자연스럽게 콕킹이 이루어지는 것이다.

3단계 - 톱 오브 스윙(top of swing)

우회전의 마지막 단계가 톱 오브 스윙이다. 이 톱 오브 스윙은 우측 회전의 마지막 단계로 상체의 회전이 최대인 상태이다. 팔은 어깨보다 높고 손목은 콕킹이 끝난 상태에서 클럽과 자연스럽게 수평을 이루게 된다. 체중이 완전히 오른쪽으로 이동되어 고정된 상태로 왼쪽 무릎은 다소 비틀어진다는 느낌이며 상체는 자연스럽게 회전된 상태를 말한다.

이 지점은 곧 우회전의 끝 종점이면서도 좌회전의 새로운 시점이며 그 끝과 시작의 공존 지점이라고 할 수 있다. 우회전의 준비 자세, 즉 어드레스와 같은 개념이다. 바로 이 지점이 좌회전을 최대한 큰 회전으로 할 수 있게 해주는 준비 작업이라고 볼 수 있다.

클럽은 꼭 수평은 아니더라도 가능한 수평을 유지하도록 한다.

 높이 들려진 오른손은 팔꿈치가 90도에 가깝게 구부려지고, 오른쪽 어깨 높이 정도가 되며, 클럽 헤드가 지면과 거의 수평에 가깝게 이루어진다.

　백 스윙의 정점에서 왼쪽 어깨는 90도로 돌아서 턱 밑으로 들어오고, 이 때 어깨는 확실히 수평 이동된다. 어깨 회전이 충분하고 빠를수록, 또 몸통의 회전이 빠르고 정확하게 어깨의 위치에서 수평 회전할수록, 완벽한 톱 오브 스윙이 될 수 있을 것이다.

90도 정도로 회전하되 그 중심축이 변해서는 안되며, 척추 또한 중심축을 기준으로 회전했을 뿐, 그 위치는 변하지 않는다는 것을 유념해야 한다.

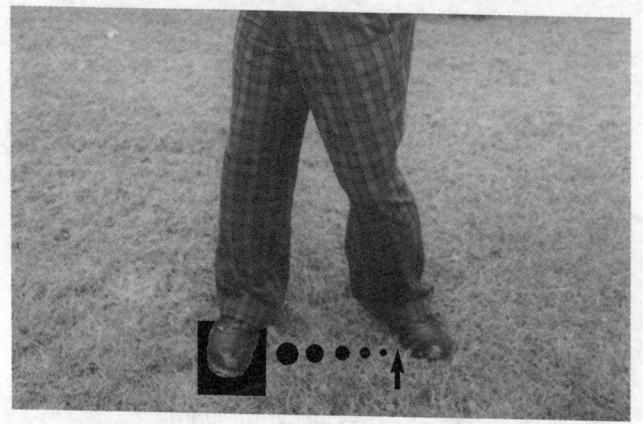

오른쪽 다리에 모든 체중이 실리고, 왼쪽 다리는 다만 그 중심을 지탱해줄 뿐이다. 이 때 오른발은 땅에 완전히 붙인 상태인 반면, 왼발은 땅에 완전히 붙인 상태이거나 뒷꿈치가 떨어져 앞부분만 고정된 상태로 그 모양새가 안쪽으로 향해 있다. 백 스윙의 정상에서 체중이 오른쪽 다리에 있어야 하는 이유는 백 스윙이 충분한 회전을 주기 위한 원동력이기 때문이다.

3. 좌회전

테이크 다운(take down)
다운 스윙(down swing)
임팩트(impact)
팔로우-스루(follow-through)
피니쉬(finish)

좌회전

앞에서 어드레스의 기본 자세로 출발하여 테이크 백, 백 스윙, 톱 오브 스윙까지의 우회전 역할은 좌회전의 보조 역할이라고 하였다.

이제 볼을 치는 주 역할인 좌회전을 살펴보기로 하자.

좌회전은 우회전이 끝나는 톱 오브 스윙이 좌회전의 시작 지점이다. 새로운 어드레스의 개념으로 1단계 테이크 다운, 2단계 다운 스윙, 3단계 임팩트, 4단계 팔로우 스루, 5단계 피니쉬까지를 좌회전의 단계로 정한다.

1단계 - 테이크 다운(take down)

우회전이 끝나는 지점인 탑 오브 스윙은 새로운 어드레스의 개념이다. 여기에서 좌회전의 시작 지점인 테이크 다운을 간단히 살펴보자.

우회전 시의 톱 오브 스윙에서는 우측의 어깨 리드를 출발로 무릎의 고정과 골반의 베어링 역할, 상체나 옆구리의 회전, 어깨의 회전에 따른 팔과 손, 클럽과 헤드의 원심력 회전이 주 동작이라고 했다. 좌회전도 같은 이치로 테이크 백과 같은 의미라고 볼 수 있다. 좌측 어깨의 리드로 왼팔이 당겨지는 시점으로 보는 것이다.

2단계 - 다운 스윙(down swing)

다운 스윙은 클럽을 휘둘러 내리는 동작을 말한다. 즉 백 스윙에서 생긴 회전을 이동시키는 과정으로, 왼쪽 어깨의 리드로 테이크 다운이 형성된 상태에서 재추진하는 본 과정까지를 다운 스윙이라고 한다. 다시 말하면, 임팩트 직전까지의 과정이다.

다운 스윙은 좌회전 시 테이크 다운의 연결 동작으로 좌측 옆구리의 회전으로 좌측 골반이 자연스럽게 회전한다. 이 또한 무릎을 고정시켜야 하며, 이때 골반의 역할은 상체와 다리를 분리하여 움직임이 유연하도록 베어링 역할을 해주는

그림1   그림2

것이다. 다운 스윙은 왼팔을 따라 내려오면서 옆구리를 돌려 그 움직임을 유연하게 하며, 마지막 팔 처리는 순간적으로 왼팔을 던지는 느낌으로 가속이 붙게 하면서 오른팔은 자연스럽게 구부려져 있는 상태로 따라오게 한다. 여기에서도 신체의 부위, 특히 어깨, 팔, 손등은 지금까지 유지되어 온 자세와 상황을 망가뜨리지 않도록 인위적인 힘을 주지 말고, 최대한 자신의 상태를 유지하는 자연스러운 자세를 취한다.

왼팔의 유도로 오른팔은 단지 따라가고 유지되는 역할인 것이다. 임팩트 직전에 오른쪽의 팔꿈치가 순간적으로 자연스럽게 펴지면서 콕킹과 함께 펴지게 하면 된다.

클럽을 잡은 손목을 미리 의도적으로 풀어서는 안되고, 톱 오브 스윙의 정점에서 작용된 힘을 그대로 떨구어 주어야 한다. 궤도를 따라 볼을 맞추되, 클럽 헤드의 중앙 부분에 맞

추어서 최대의 원심력을 활용해야 한다. 다시 한번 강조하면 정확한 스윙 궤도가 그대로 유지될 때 원심력에 의해 생성되는 강력한 파워와 정확한 방향이 얻어지기 때문에 매우 중요한 것이다.

이 때 백 스윙의 정점에서 이루었던 손목의 콕킹상태를 계속해서 유지하고 있어야 백 스윙 시 모인 힘을 최대한 강한 원심력으로 공에 가할 수 있다. 그러나 다운 스윙에서 생산된 힘은 파워와 방향을 제시하는 것이긴 하지만, 이것이 목표가 되어서는 안 된다. 즉 클럽 헤드가 공을 치고 지나 갈 수 있도록 궤도를 유지시켜 주면서 떨구는 것이다.

다운 스윙은 몸통의 왼쪽 회전에 의해 형성되지만, 완전히 왼쪽으로 체중이 실리진 않는다. 이 때에는 왼쪽이 얼마간 리드하는 정도이며 회전에 의해 임팩트 부분에서 다시 50:50의 체중 분배가 이루어진다. 이때 오른쪽 다리는 자연히 힘이 빠지면서 왼쪽으로 체중이 이동되는 것이다.

이렇듯 체중의 분배와 이동은 어느 순간에 의식적으로 일어나는 것이 아니라 모든 동작들이 연결되어 풀 스윙이 자연스럽게 일어나는 것이다.

신체의 의도적 사용시 틀어지는 신체의 부분들

무리하게 무릎을 사용하기보다는 몸통의 회전을 이용하는 것이 바람직하며 테이크 다운에서 다운 스윙까지 체중은 회전에 의해 자연스럽게 이동해야 좋다. 다시 말해 스윙은 항상 무릎과 뒤 허벅지에 무게 중심을 유지하는 체중의 이동일 뿐, 무릎의 방향 전환이 아니라는 것을 기억하자.

 테이크 다운에서 다운 스윙까지 오른쪽 어깨나 팔에 힘이 들어가서는 안 된다. 먼저 오른쪽 팔꿈치가 아래로 떨어지면서 자연히 클럽 헤드도 떨어져 다운 스윙이 이루어질 수 있도록 한다. 계속 어깨나 오른팔에 힘이 들어간다면, 클럽 헤드의 위치가 뒤나 옆으로 재껴져 바른 궤도마저 잃게 된다.

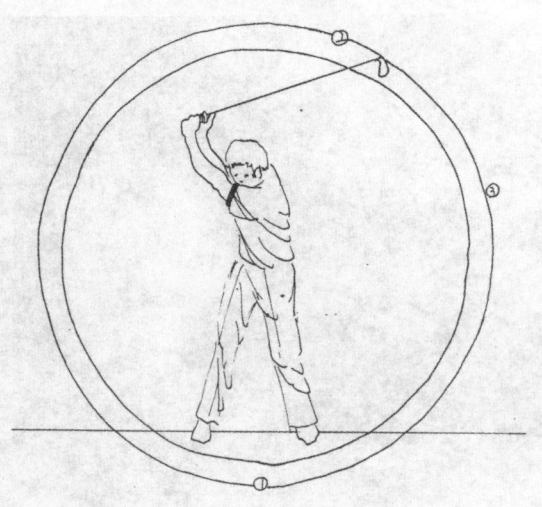

 빨리 휘두르는 성급함 때문에 스윙이 의도적으로 빨라질 수 있다. 어깨의 리드와 중심 축의 회전에 따른 수평 이동, 클럽 헤드가 지나가는 속도와 중력에 의한 궤도 진입 속도, 어드레스에서 테이크 백, 백 스윙의 작용에 따른 리듬감과 템포에 의한 것이지, 의식하여 서두르거나 천천히 궤도를 만드는 것은 아니다. 즉 어드레스에서 시작해서 우회전 단계를 거쳐 테이크 다운, 다운 스윙의 경로까지, 템포에 리듬을 더해서 생기는 속도가 임팩트에서 최고의 가속으로 볼을 칠 수 있게 하는 것이다.

 다운 스윙에서 지나친 오른쪽 어깨, 팔, 손의 사용은 볼을 정면으로 치지 못하고 빗 맞추는 원인이 된다. 오른손으로 볼을 때리려고 하기 때문에 오른쪽 어깨가 엎어져 들어오면서, 스윙을 아웃사이드에서 인사이드로 찍어 치듯이 하게 되므로 생기는 현상이다. 대체적으로 한국인은 왼손보다는 오른손을 많이 사용하므로 오른손으로 이끄는 것이 익숙할지도 모른다. 의도된 행위가 아니라 하더라도 몸에 밴 습관은 무의식적으로 작용하기 때문이다.

 그러나 반드시 염두 할 것은 어깨의 수평 회전과 그에 따르는 중심 축의 회전에서 이루어지는 원심력과 클럽 헤드의 중력에 따라 던지는 듯한 느낌으로 스윙을 가속화하는 것이다. 추진력에 따른 원심력과 헤드의 중력에 의한 궤도 형성이 왼쪽의 리드로 이루어 져야 정확한 임팩트를 할 수 있다.

3단계 - 임팩트(impact)

임팩트는 다운 스윙의 연결 동작으로서 어깨의 리드로 옆구리의 회전에 따른 팔과 손목, 클럽의 지름이 그리는 궤도의 가속도, 즉 최대의 가속 지점으로 팔의 콕킹이 풀어지면서 볼을 때리고 지나 가는 상태이다. 헤드의 스피드가 그 어느 때보다 최고인 지점이기도 하다.

임팩트란 클럽 헤드와 볼이 부딪히는 순간, 즉 공을 맞추는 것으로 일관성을 갖춰야 한다.

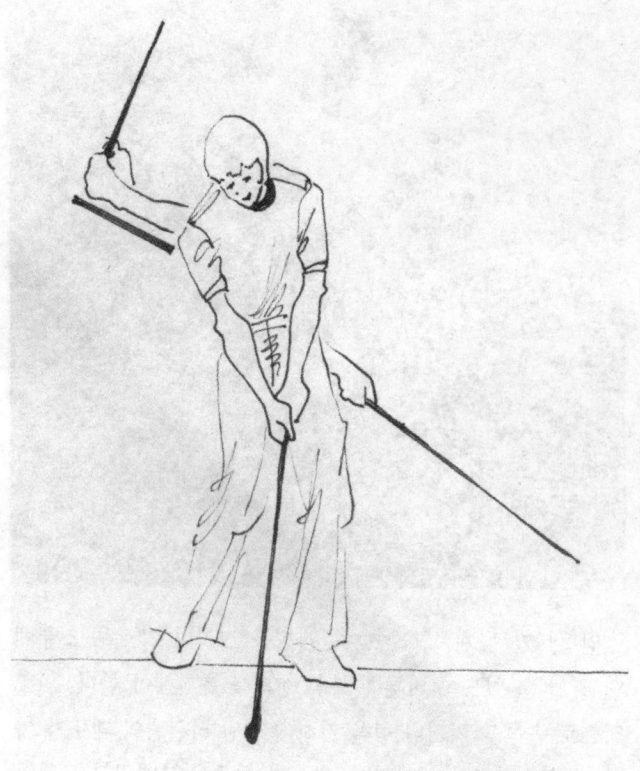

위의 그림은 매우 중요한 동작으로 임팩트에서 왼팔과 오른팔을 자연스럽게 펴는 자세이다.

임팩트가 낮게, 그리고 큰 궤도를 그리며 팔로우 스루에 연결 될 수 있도록 바른 손목의 상태를 유지해야 한다. 의도적으로 손목을 꺽거나 힘을 가하게 되면 타원형의 궤도가 아닌 꺽이는 궤도가 형성되며, 몸통과 체중의 분배에서 문제가 생기기 때문에 최대한 편하고 자연스럽게 손목을 사용해야 한다.

 어드레스시 50:50의 체중 분배를 통해 스탠스를 취하였다. 이것이 우회전 시 테이크 백, 백 스윙일 때는 그 체중을 오른쪽 다리로 이동시키면서, 왼쪽의 체중을 오른쪽에 실어 주는 것과 동시에 이루어지도록 했다. 그리고 톱 오브 스윙 시에는 완전히 오른쪽에 그 체중을 싣고, 왼쪽은 그 가이드 역할만을 유도한 자세로 이루어졌다. 이것이 좌회전 시 테이

크 다운, 다운 스윙 시에는 다시 왼쪽으로 옮긴다는 느낌으로 오른쪽의 체중을 이동시키게 되었고, 임팩트에서는 어드레스와 모든 것이 비슷하게 이루어져야 한다고 했다. 그래야만 임팩트 시 왼발이 고정되면서 왼쪽 무릎이 옆으로 밀리는 것을 막아 줄 수 있기 때문이다.

임팩트에서 머리의 위치는 매우 중요해서 지면과 항상 수평 관계를 유지시켜 얼굴 단면, 시선은 항상 공에 위치해 있어야 한다. 이 고정은 어드레스에서 우회전 시 테이크 백, 백 스윙, 톱 오브 스윙, 좌회전 시 테이크 다운을 시작으로 다운 스윙, 임팩트, 팔로우 스루까지 유지해야만 한다. 그리고 마지막 피니쉬에서 원하는 목표 지점을 향해서 얼굴과 함께 시선을 같이 향해 주면 되는 것이다. 임팩트 순간에 머리를 들거나 또는 스윙의 단계에서 드는 헤드 업은 좋은 시선 방향이라 할 수 없다.

4단계 - 팔로우 스루(follow-through)

이 팔로우 스루는 임팩트에서 공을 맞춘 클럽 헤드가 계속해서 목표 방향으로 빠져나가는 동작을 말한다. 임팩트의 연속 작용으로 원심력과 중력을 이용하여 낮고 넓게 궤도를 형성해 주는 것이 좋다. 이 때에 인위적으로 팔을 쭉 뻗으면 스윙 궤도를 벗어나게 되고, 스윙이 피니쉬까지 부드럽고 자연스럽게 연결될 수 없다. 이 팔로우 스루는 헤드의 무게에 따른 중력과 원심력이 이용되어 최대한 부드럽고 자연스럽게 뻗도록 두는 것이 가장 좋은 방법이라 하겠다.

톱 오브 스윙에서 완전히 오른쪽으로 실린 체중이 다운 스윙 시 왼쪽으로 이동되기 시작해, 임팩트에서는 체중을 왼쪽이 리드하는 느낌이었다. 팔로우 스루는 오른쪽에 있던 체중을 왼쪽으로 실으면서, 왼쪽 다리가 주축이 되도록 하는 것이다. 서서히 체중을 이동시켜 피니쉬 상태에서는 왼쪽이 완전하게 축으로 고정되며, 오른쪽은 발 뒷꿈치가 들어올려지며 무릎은 안쪽으로 기운다.

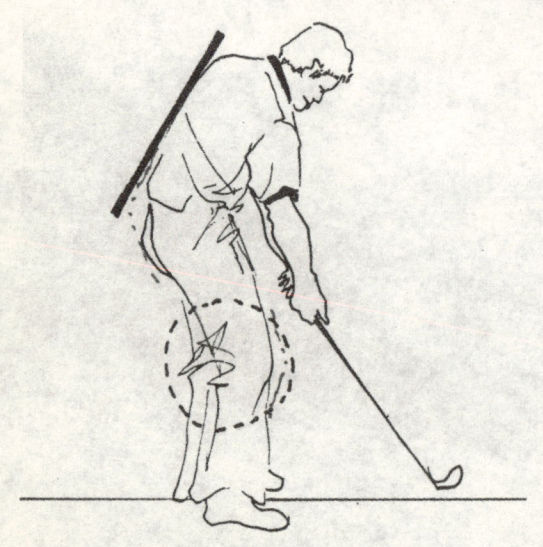

어떤 스윙에서나 마찬가지로 각 단계의 모든 동작은 수평으로 회전, 유지해야 하며 스윙은 중심 축의 회전이지 이동이 아니라는 점을 명심해야 한다. 어느 단계에서든 그 회전을 방해하는 인위적인 행위를 하지 않아야 한다.

5단계 - 피니쉬(finish)

피니쉬는 스윙이 끝나는 마무리 동작으로 그 동안 형성된 궤도를 따라 클럽 헤드가 빠져나가는 것이다. 이것 또한 궤도를 따라서 회전에 의해 자연스럽게 이끌릴 뿐이지 의식적으로 만들어지는 것이 아니다.

오른팔은 직각에 가까운 각도를 유지한 채, 몸통은 왼쪽 축에 그 중심을 둔다. 이 때 상체를 충분히 회전시켜 주었다면, 오른쪽 어깨가 왼쪽 어깨보다 목표 쪽으로 더 가깝게 가 있어야 한다. 어깨는 수평이지만 다소 왼쪽 어깨가 낮은 느낌으로 왼발은 어드레스 상태를 유지하는 것이 좋다.

위에서 정리된 바와 같이 이 피니쉬 단계는 좌회전의 마지막 단계로, 그 자세가 왼쪽으로부터 자연스럽게 넘겨지는 상태로 이를 유지시켜 준다면 그것으로 충분한 것이다.

클럽 헤드(club head)의 토우(toe) 방향

골프 스윙 시의 클럽 헤드 부분은 항상 가고자 하는 방향 쪽으로 향해 있어야 한다. 이는 필연적으로 클럽 헤드가 갖는 무게에 따른 방향과 추진에 따라 발생되는 회전력, 즉 전체적 원심력으로서 이해할 수 있다. 그러므로 우회전 시에는 클럽 헤드의 토우가 우측 어깨 방향으로 회전하면서 우측 방향을 향하도록 하고, 좌회전 시에는 우측 방향으로 향해져

골프! 알고보면 단순하다

있던 것이 3단계 임팩트를 지나면서 다시 좌측 어깨 방향으로 향하도록 해야 한다. 우회전의 오른쪽 어깨의 오른쪽 방향의 토우와 좌회전의 왼쪽 어깨의 왼쪽 방향으로 향한 토우는 톱 오브 스윙과 피니쉬의 클럽 헤드의 각도가 대칭이 되는 것과 같이, 이 클럽 헤드의 토우 부분도 대칭이 된다.

이 때에도 중심축에 따른 대칭이 자연스럽게 이루어지게 되는데, 이는 중심축에서 클럽 헤드 방향의 대칭이지 스윙 궤도의 대칭은 아니다.

톱 오브 스윙(top of swing)과 피니쉬(finish)의 좌우 대칭

골프 스윙은 중심 축을 고정한 채, 한쪽의 추진력에 따라 다른 한쪽이 회전하는 원리를 적용한다고 했다. 그리고 골프 스윙을 인체에 적용해 보면, 중앙 발바닥과 무릎에 체중을 싣고 어깨의 리드가 시작되는 무릎을 고정, 체중을 이동하면서 골반의 유연한 베어링 역할로 옆구리나 상체의 회전에 따라 팔과 손, 클럽이 지름으로서 궤도를 형성하게 된다. 또 원 운동과는 다르게 지름의 조정이 가능하고 자율적이어서 궤도에 다소 변화를 줄 수 있다.

즉 추진에 따른 회전이므로 다소 궤도의 크기나 정도가 다를 수 있기에 그 각각의 지점인 톱 오브 스윙과 피니쉬에서

클럽의 위치는 대칭이 될 수밖에 없는 원리이다.

여기에서 인위적으로 힘이나 위치 변동이 이루어졌다면, 바르고 자연스러운 궤도로 볼을 쳤더라도 그 마무리가 좋지 못할 것이 분명하다. 클럽 헤드의 궤도는 회전을 통해 형성됨을 알고, 정확하고 바른 추진과 그에 따른 회전을 이용해 유도해야 할 것이다.

풀 스윙(full swing)과 하프 스윙(half swing)

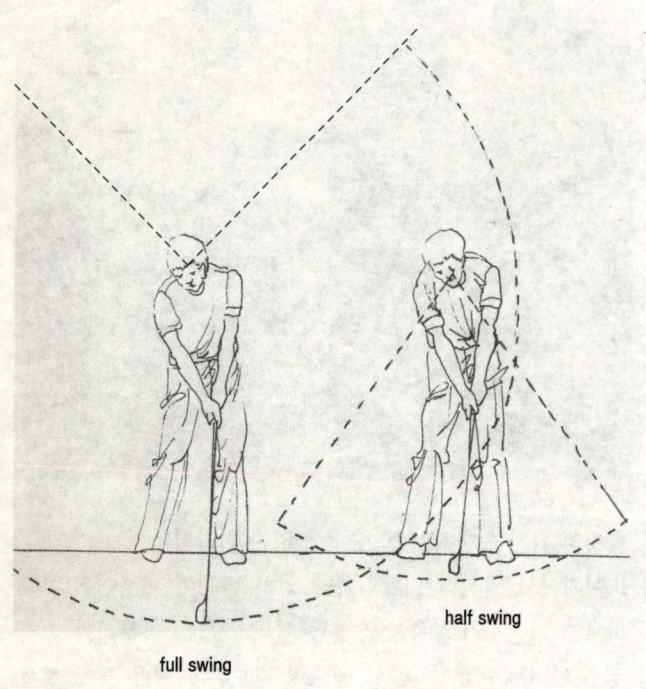

full swing

half swing

풀 스윙은 충분한 회전을 하는 스윙으로 풀 샷과 같고, 하프 스윙은 풀 스윙을 반, 또는 작게 줄여서 하는 스윙이다.

스윙은 강한 펀치력으로 볼을 치는 것이 아니라, 상체의 회전에 의해 움직이는 클럽 헤드가 중력과 원심력에 따른 스피드로 볼을 치는 것이라고 했다. 즉 클럽 헤드가 그리는 궤도를 크게 하고, 여기에 스피드만 붙여주면 자연히 원심력이 강해져 장타가 나오게 되는 것이다.

여기에서 풀 스윙과 하프 스윙의 공통점은 궤도를 그리는 시간차가 같다는 것이고, 차이점은 회전 속도와 원호의 크기가 다르다는 것이다. 이는 클럽의 길이, 신체의 정도에 따라 결정되며, 헤드 스피드가 빠를수록 멀고 크게 궤도를 형성하게 되는 것이다. 즉 상체의 회전 속도에 따라서 스윙의 크기가 결정되며 스윙의 크기는 그 거리를 결정하게 되는 것이다. 이는 스윙의 크기가 클수록 스윙 스피드가 빨라진다는 뜻이다.

풀 스윙과 하프 스윙의 순서

하프 스윙은 상체의 다소 느린 회전으로 작은 궤도를 형성하며 원하고자 하는 위치에 가깝게 갈 수 있는 것을 말한다. 반면 풀 스윙은 상체의 빠른 회전으로 큰 궤도를 형성, 장타를 유도해 낼 수 있다고 했다.

이를 염두에 두고 바로 스윙을 이끌어 내기 위해 순서를 정해 보면, 하프 스윙은 어깨의 리드를 시작으로 무릎을 고정한 뒤 우회전과 좌회전에 따른 행위로 왼손을 던지듯이 버리는 것이다. 그리고 풀 스윙은 어깨의 리드, 무릎의 고정, 추진력을 가한 옆구리의 빠른 회전에 의해 상체와 함께 팔과 손, 클럽이 작용하는 것이다. 단순하고 총체적인 회전 원리를 응용한다면 원하는 스윙을 유도할 수 있다.

IV. 회전 이론에 따른 스윙(swing)의 완성도편

우회전

우회전 시에는 어드레스를 기본 자세로 하여 테이크 백, 백 스윙, 톱 오브 스윙까지를 그 단계로 구분하였다.

어드레스 자세에서 오른쪽 어깨의 리드(회전)를 시작으로

우측 무릎을 고정시키고, 우측 옆구리를 회전시키면서 왼손(헤드)을 동전 던지듯이 오른쪽 어깨 방향으로 던져준다.

오른쪽 발 중앙에 체중을 유지, 그것을 중심 축으로 회전해야 하며 이때 회전력과 원심력에 의해 균형이 유지된다.

이 단계는 하나의 스윙 개념으로 볼을 치기 위한 좌회전의 보조 역할이다.

좌회전

좌회전은 우회전 이후 한 박자 쉰다는 느낌으로 시작하는데, 우회전의 끝 톱 오브 스윙에서 다시 테이크 다운, 다운 스윙, 임팩트, 팔로우 스루, 피니쉬까지를 좌회전의 단계로 구분하였다.

톱 오브 스윙에서는 왼쪽 어깨의 리드로 시작, 왼쪽 무릎을 고정하고 왼쪽 옆구리를 회전시킨다. 이때 왼손은 가급적 원호를 크게 그리며 가속력을 높이기 위해 버린다는 느낌으로 내린다.

좌회전 시에는 왼쪽 발 중앙에 체중을 유지하여야만 축이 형성되고 회전력과 원심력에 의해 균형이 유지될 수 있다.

여기에서도 하나의 스윙 개념으로 이해하고, 한 리듬으로 동작하여 볼을 치면서 마무리하게 되는 것이다.

회전에 따른 스윙(swing)의 완성

골프의 모든 샷과 퍼팅에까지도 회전의 원리가 적용된다.

좌, 우 (어깨 - 무릎 - 옆구리 - 팔)의 순서로 회전하여 가속화하고 궤도를 크게 그린다. 순서 이외의 부분은 끌려왔다 끌려갈 뿐이므로 힘을 가하지 말아야 한다.

우회전을 한 리듬으로 하고 한 박자 쉰 다음, 다시 좌회전을 한 동작으로 회전한다. 두 개의 스윙이 합해져서 사실상

한 개의 연결 동작으로 스윙을 하게 되는 것이다.

여기에서 주의할 점은 한 박자 쉰다고 해서 결코 멈추거나 정지하는 것은 아니라는 것이다. 어깨를 리드할 때는 어깨를 낮추는 느낌으로 회전이 끝날 때까지 계속 회전하며, 리드하는 쪽의 팔은 접히는 부위가 위를 보도록 하며 어깨를 따라 회전한다. 양발 각 중앙에 체중을 유지, 이를 축으로 회전해야 하며 회전력과 원심력에 의해 균형이 유지된다.

하프 스윙의 순서대로 풀 스윙을 해도 되지만 몸의 회전력이 약하게 된다. 의도적으로 어떤 부위를 강하게 회전하면 다른 부위에 그에 따른 이상(부하)이 발생하게 된다. 즉, 회전이 원활하지 못하며, 유연성과 균형을 유지하기가 힘들다는 말이다. 여기에서 발생되는 이상(부하)을 최소화하기 위해서는 가급적 몸 전체에 힘을 빼고 자연스럽게 하는 것이 매우 중요하다.

V. 결론 및 스트레칭(골프룰)

스윙의 개념이란?

 원 운동의 원리는 옷에 사람의 몸을 맞추는 것과 같고 회전 운동의 원리는 사람의 몸에 옷을 맞추는 것이다.

 이 이론은 기존의 스윙 궤도를 중심으로 한 이론에서 사람 몸을 중심으로 한 회전 스윙 이론이다.

 원 운동의 원리는 스윙 궤도를 중심으로 몸을 움직이는 것이고 회전운동의 원리는 사람의 몸을 움직여 스윙의 궤도를 만드는 것이다.

 골프의 스윙은 사람이 자기의 몸을 자연스럽게 움직여 볼을 치는 것이다. 그래서 사람의 몸을 중심으로 한 이론을 펼친 것이다.

 이 회전운동의 정의는 자기의 체형에 맞는 편안한 스윙을 할 수 있고 스윙과 몸이 하나가 되면 자연스럽게 힘이 빠지고 최상의 효율적인 부드러운 스윙으로 정확도와 비구 거리가 더 난다.

 이 이론은 회전운동의 원리는 사람 몸을 중심으로 한 이론 정립이다.

스트레칭

■ 모델 : 김준일(서일중학교 1학년 5반)

1. 목운동
좌, 우로 충분히 근육이 당길 때까지 돌려준다.

2. 어깨운동
손을 깍지끼고 위로 끝까지 뻗은 후 등으로 돌려준다.

3. 등근육운동
한발을 앞으로 내밀고 한손으로 등을 받친 다음 다른 한손을 위로 올려 몸통을 둥글게 위로 제껴 준다. 반대로 반복한다.

4. 두 발을 어깨 넓이로 벌리고 선채로 가볍게 몸을 돌려준다.
5. 한쪽 발 뒷꿈치를 들고 몸을 좌우로 가볍게 돌려 골반이 원활히 회전하도록 한다.
6. 마지막으로 손목과 발목을 가볍게 털어 준다.

골프룰 1
플레이어의 에티켓

골프는 에티켓을 가장 존중하는 경기다. 그렇다고 특별히 번거로운 것은 아니고, 극히 상식적인 것이므로 예를 들어본다. 즉, 다른 사람이 플레이하고 있을 때에는 그 근처에서 움직이거나, 이야기하거나, 볼과 홀 가까이, 또는 바로 뒤에 서지 않는 다는 것. 이것은 다른 사람의 플레이를 방해하지 않는다는 정신이다.

한 사람의 플레이가 늦어지면 같은 팀뿐만 아니라 그 밖의 전체 진행에 영향을 미치기 때문이다.

이것은 위험 방지를 위해서이다

예를 들어 벙커샷을 하면, 자기의 발자취나 그밖의 원인으로 모래가 엉망이 되므로 벙커를 나올 때 말끔히 고르도록 할 것. 연습 스윙에서 마구 풀을 자르지 않는다. 그린 위에 발을 끌며 걸어서 스파이크로 잔디를 상하게 하지 않는다.

골프룰 2
티잉 그라운드의 구역 밖에서 쳤다

제1타를 쳤더니 멋진 히트였다. 그런데 알고 보니 티마크보다 20센티미터 정도 앞에서 치고 있었다. 이와 같이 구역 밖에서 치면 '2벌타'로 간주되어 다시 구역 내에서 제 3타를 친다. 구역 내에서 다시 플레이하지 않으면, 경기일 경우에는 실격이 된다.

제1타가 바로 밑에 떨어져서 당황하여 티업으로 다시 쳤다

쳐서 밑으로 떨어진 것이므로 떨어진 장소에서 그대로 쳐야한다. 티업으로 다시 쳤으므로 1벌타가 된다. 다음 샷은 제3타로 본래의 위치(떨어진 장소)에 정확하게 다시 놓아야 한다.

제1타로 볼에 어드레스 하다가 클럽에 닿아 티업한 볼이 밑으로 떨어졌다

이것은 스윙을 하지 않았으므로 벌칙없이 다시 티업할 수 있다.

제1타에서 타순을 잊고 다시 쳤다

경기 방법에는 스트로크 플레이와 매치 플레이가 있으며, 스트로크 플레이라면 타순이 달라도 그대로 한다. 매치 플레이의 경우에는 상대방이 다시 칠 것을 요구할 수 있다. 스트로크 플레이에서는 타순이 달라 다시 치면 그것이 제3타가 된다.

골프룰 3
'원구 선타'의 원칙을 어길 경우

골프에서는 전원이 제1타를 끝내면, 홀(컵)에서 먼 차례대로 치는 것이 원칙. 그런데 홀에서 가까운 사람이 먼저 쳐도 플레이의 진행상 페널티는 되지 않는다. 다만 '원구 선타'는 위험 방지와 연결되므로 잊지 않아야 한다.

타구가 깊은 러프에 들어가 아무리 찾아도 발견되지 않는다

볼이 발견되지 않으면 로스트 볼(분실구)이 되며, 플레이어는 본래의 위치로 돌아가 제3타를 쳐야한다. 그리고 볼을 찾는 한도는 5분 이내로 규정되어 있다. 이것은 플레이 진행을 위해서이다.

타구가 분실이 될 우려가 있을 때의 잠정구

타구가 숲 깊숙이 들어가서 발견되지 않을 지도 모른다고 예측하게 되면, 잠정구(프로비셔널 볼)를 본래의 위치에서 친다. 이것은 시간 절약을 위해서이며, 함께 플레이하는 사람에게 잠정구를 친다는 의사를 전해야 한다.

만일 처음에 친 볼이 발견되면, 잠정구는 집어 올린다. 처음의 볼이 분실되면 잠정구로 그 다음의 플레이를 계속한다. 그 경우에 분실구가 제1타였다면 잠정구는 제3타가 된다.

타구가 아웃 오브 바운즈(OB)로 날아들 경우

OB는 플레이 금지 구역이며, 어느 코스에서도 흰 말뚝이나 흰 선으로 표시되어 있다. 흰 말뚝과 안쪽의 선상에 타구하면 OB가 아니다. 그보다 밖으로 벗어나면 OB가 된다. 가령 제1타가 OB일 때에는 본래의 위치에서 제3타 째의 플레이를 한다.

골프룰 4
타구가 구멍에 들어가거나 노출된 나무뿌리에 걸려 볼을 칠 수가 없다.

코스에서는 여러 가지 일이 일어난다. 치고 싶어도 칠 수 없는 상황이 '언플레이어블(플레이가 불가능한 상황)'이며, 이것은 자기가 판단하여 다음과 같은 조치를 취한다.

1. 볼이 멈추어 있는 곳에서 클럽 2개의 길이분 (2클럽 랭스) 이내, 홀(컵)에 가깝지 않은 곳에 **드롭**(공을 떨어뜨린다)한다

2. 홀과 볼을 연결한 후방 선상의 아무 데나 드롭한다. 언플레이블일 때에는 1벌타를 추가한다.

타구가 멈춘 장소에 따라서 드롭, 플레이스, 리플레이스가 된다.

골프의 플레이에서는, 제1타를 끝내면 자연 그대로의 상태에서 플레이하고 볼에 손을 대서는 안 되는 것이 원칙이지만, 경우에 따라서는 손을 대거나 주워 올릴 수 있다. 우선 **드롭, 플레이스, 리플레이스**라는 말의 의미를 설명하면, 드롭은 볼을 손으로 집어 떨어뜨리는 동작이고, 플레이스는 볼을 손으로 옮겨놓는 것이며, 리플레이스는 본래의 위치에 볼을 갖다놓는 것이다. 드롭, 혹은 플레이스, 리플레이스 하는 상황은 많이 있다. 여기서는 실전에 흔히 있는 케이스만을 들어보겠다.

타구가 연못에 들어가거나, 지면에 드러난 나무뿌리나 두더지의 구멍 속에 들어가서 칠 수 없을 때, 움직일 수 없는 장애물(철망, 의자, 기타)에 접하여 칠 수 없을 때, 제2타 이후에 OB에 떨어지거나 다시 칠 때에는 드롭한다.

골프룰 5
잘못해서 다른 사람의 볼을 쳤을 경우

이것을 **오구 플레이**라고 하며, 자기의 볼을 다시 플레이한다. 벌타는 둘이 붙는다. 다른 사람의 볼을 그대로 플레이하여 그 홀을 끝내고, 다음 홀의 플레이를 하면 실격이 된다. 해저드(벙커나 연못)에서는 남의 볼을 쳤어도 자기의 볼을 정확하게 다시 치면 벌타는 붙지 않는다. 이 실수는 실제로

곧잘 생기므로, 자기의 볼에 매직펜으로 표시해두면 좋다.

잘못된 장소에서 플레이했다.

티잉 그라운드에서 제1타를 구역 밖에서 치면 2벌타가 되며, 정확한 위치에서 다시 친다. 그린 위에서 볼을 마크하여 주위 올렸지만, 막상 자기의 퍼트 때 다른 장소에 볼을 놓고 치면 2벌타가 된다. 나중에 실수를 깨달아도 어쩔 수 없다.

수리 지역 내의 볼을 쳤다

코스 내에서는 배수가 좋지 않은 장소나 잔디를 옮겨 심은 곳을 흔히 백선으로 표시해두고 수리 지역으로 지정하고 있다. 여기서 쳐도 무방하지만, 대개 수리 지역 내에 들어간 볼을 밖으로 끄집어내어 홀에 다가가지 않는 1클럽 랭스(클럽 1개분의 길이)내에 드롭한다.

볼에 자세를 취하는 어드레스 때에 볼이 움직인 경우

2타째 이후 어드레스때 볼이 클럽에 닿아 움직이면 1벌타로 하고 움직였다가 멈춘 위치에서 플레이한다. 움직였다고 해서 본래의 위치로 돌아갈 필요는 없다. 풀이 긴 러프나 페어웨이에서는 치기 전에 클럽을 가볍게 움직일 때, 볼이 닿아 움직이는 경우가 있다. 퍼트 때에도 퍼트를 볼 뒤에 맞추고 자세를 취하다가 움직이는 경우가 있으므로 주의하도록 한다.

골프룰 6
움직일 수 있는 장애물과 움직일 수 없는 장애물에 타구가 접할 경우

코스 내의 어디로 볼이 날아갈 지 모른다. 타구가 멈춘 곳에 앞의 팀이 버리고간 헤드 커버나 타월이 있다든지, 잔돌들이 흩어져 있거나, 혹은 벙커 밖에 벙커 고르기가 있을 경우에는 그것을 제거해도 좋다. 다만 철망이나 의자, 그 밖의 고정된 장애물이 있는 곳에 타구가 가면, 홀에 다가가지 않고 그 장애물을 피할 수 있는 지점(볼의 위치에서 가장 가까운 지점)을 정하고 그 곳에서 1클럽 랭스 이내에 드롭한다. 벌타는 없다.

볼을 치기 어렵다는 이유로 후방의 풀이나 지면을 짓밟을 경우
이것은 룰에서 **라이(Lie)의 개선**이라고 하며, 2벌타로 한다. 예를 들어 러프에 들어갈 볼 후방이 풀이 길어서 방해가 된다고 발로 짓밟거나, 클럽으로 짓누른다거나 하면 위반이다.

골프는 있는 그대로의 상태에서 치는 것이 원칙이므로, 룰에서 허용되는 것 이외의 행동은 하면 안 된다. 티잉 그라운드에서의 제1타 때만은 볼 후방의 풀을 짓밟아도 위반이 되지 않는다.

벙커에서 치기 전에 클럽이 모래에 닿을 경우

벙커는 해저드이며, 해저드에서는 클럽을 모래에 닿지 않게 하는 것이 원칙이므로 2벌타로 한다. **모래의 성질을 테스트했다**고 간주하는 것이다. 따라서 볼에 어드레스 했을 때 후방의 모래 위에 클럽의 헤드를 대거나 닿게 해서는 안 된다. 그리고 백스윙에서 클럽 헤드가 모래에 닿아도 마찬가지다.

즉 벙커에서는 어드레스로 클럽 헤드를 띄워서 자세를 취하고, 모래에 닿지 않도록 치는 것이라고 생각하면 된다. 이것은 물이 없거나, 극히 물이 적은 연못(워터 해저드)에서 칠 때에도 마찬가지이다.

벙커 내에서 휘둘러 모래를 긁었다

이것도 2벌타이다. 휘두르는 것은 좋지만, 모래에 닿아서는 안 된다.

골프룰 7
6인치의 플레이스

코스의 풀밭 상태가 좋지 않아 플레이하기 어려울 때는 특별히 **6인치 플레이스**라는 룰을 적용한다. 페어웨이에 다가가지 않도록 6인치(15센티미터)만 볼을 다른 장소에 옮겨 놓는다. 이것을 플레이스라고 한다.

리플레이스

리플레이스는 본래의 위치에 다시 놓는 것이다. 자기의 볼이 상대방의 플레이에 방해가 될 때 마크를 하여 집어 올리고, 타순이 오면 리플레이스한다. 그린 위에서는 자기의 볼 뒤에 마크를 하고 볼을 집어 올리거나 더러운 것을 닦을 수 있으며, 그 다음에는 리플레이스한다.

골프룰 8
벙커에서 타구가 몸에 맞으면

이것도 벙커에서 흔히 있는 케이스, 타구가 되돌아와 자기 발에 맞으면 2벌타로 한다. 그러므로 되돌아오면 맞지 않도록 피해야 한다. 골프에서는 자기의 캐디백을 비롯하여 소유물에 타구가 맞아도 2벌타이므로 기억해 둔다.

그린 위에서의 일반적인 주의

그린에 놓인 볼은 타순이 올 때까지 더러운 것을 닦기 위해 집어드는 것이 보통이지만, 반드시 볼의 후방에 마크하고 나서 집어든다. 무심코 마크하고 나서 볼을 집어들면 1벌타 칠 때에는 마크한 장소에 정확하게 플레이할 것. 타순은 언제나 **원구 선타**가 원칙이다. 다만 플레이 진행상 가까운 볼을 먼저 퍼트하는 경우도 있다.

그린 위에서는 작은 돌, 나뭇잎 등의 루즈 임페디먼트를 집어들 수 있지만, 스파이크 상처 자국을 고쳐서는 안 된다. 라이의 개선으로 간주되어 2벌타가 된다. (그린을 고칠 수 있는 경우는 공이 낙하하여 생긴 구멍의 수리뿐이다.) 그리고 손으로 그린 표면을 비비거나 하면, **그린 면의 테스트 행위**로 간주되어 2벌타가 된다. 퍼트 때에는 캐디가 기(핀)를 잡거나 뽑아서 치고, 만일 핀을 꽂아 놓은 채 쳐서 여기에 맞으면 2벌타로 한다.

볼을 굴려서 캐디에게 넘겨주었다

볼을 닦기 위해 캐디에게 넘겨줄 때에는 손으로 줄 것, 굴려서 넘겨주면 그린의 면을 테스트하는 것으로 간주하여 2벌타가 되므로 주의한다.

골프룰 9
퍼트의 라인 위에 물웅덩이가 있다.

이것은 캐주얼 워터이므로, 그 물웅덩이를 피할 수 있는 장소로 옮길 수 있다. 단지 컵으로 다가가지 않고 원 위치에 가장 가까운 곳을 택한다. 만일 그린 위에서 그 물 웅덩이를 피할 수 없을 때에는 그린 밖에서 플레이할 수 있다.

퍼트 바로 가까이에 놓여 있는 깃대에 타구가 맞았다

이것은 2벌타로 한다. 퍼트 때 깃대는 그린 밖에 놓는 것이 그린을 다치지 않게하기 위해서 필요한 에티켓이지만, 플레이를 서두르고 있을 때는 바로 곁에 놓기 쉬운 것이다. 만일 그 깃대에 맞을 것 같아서 누군가가 깃대를 들어 올려도 들어올린 사람에게 2벌타가 부과된다.

2명이 동시에 퍼트를 하여 그린 위에서 충돌했다

원구 선타의 원칙은 있지만, 벌칙없이 2명이 모두 원위치로 돌아가서 다시 플레이한다. 만일 2명의 볼이 같은 거리의 경우라도 마찬가지이다.

<u>**스트로크 플레이인데 함께 플레이하는 사람이 'OK'라고 했으므로 볼을 최후까지 홀아웃하지 않고 집어들었다**</u>

스트로크 플레이에서는 볼을 최후까지 홀아웃해야 하므로, 이것을 하지 않고 다음의 티샷을 하면 경기 실격이 된다. 집어 들었을 때에는 1벌타를 받고 본래의 위치에서 플레이한다.

골프룰 10
장타자의 장거리 판정 방법

친선 경기 때 장타를 겨루는 경기도 한다. 그럴 때 장타자의 판정에 시비가 있게 된다. 특히 그린이 왼쪽이나 오른쪽에 있을 때 의견들이 구구하다. 이를테면 2개의 볼이 좌측과 우측으로 나아간 경우 하나는 티잉 그라운드에서 멀리 나아갔고 다른 하나는 그린에 가까이 나아갔다면 어느 공이 장타냐고 시비하기도 한다. 옳은답은 전자. 장타는 글자 그대로 티잉 그라운드에서 멀리 날리는 경기이다. 이 점을 알면 그린 가까운 게 장타냐 티잉 그라운드에서 먼 볼이 장타냐를 시비하지는 않을 것이다.

홀의 거리는 어디에서 어디까지인가

홀마다 각각 표시되어 있는데 코스에 따라 표시된 거리와 실제 거리에서 차이가 나는 곳도 있다. 정작 볼을 때려서 표시된 거리보다 짧은 것으로 경험한 골퍼도 있다. 홀의 거리는 어디에서 어디까지를 측정하는 것이 옳은가. 그것은 티잉 그라운드의 중심에서 그린 중심까지 측정하는 것이다. 티잉 그라운드와 그린 중간에 언덕이 있을 때 높이가 달라서 지상 거리로 측정하면 거리는 달라지지만 티잉 그라운드와 같은 높이로 공중의 거리를 측정한다. 그것을 에어라인 디스턴스라고 부른다.

퍼팅 연습 때의 포인트

라운드 시작하기 전에 퍼팅 연습은 몇 가지 포인트를 체크하면 좋다. 먼저 볼을 향해 몸이 자연스러운 자세인지 볼이 눈 밑에 똑바로 와 있는지 체크한다. 그런 다음 퍼터의 헤드는 라인 위를 정확히 오가는지 확인한다. 그럴 때는 볼 뒤 10cm쯤 되는, 떨어진 지점에다 직접 마크를 놓고 테이크 백을 똑바로 이루는 지 체크한다. 이것들을 연습하는 것으로도 라운드에서는 큰 효과가 있을 것이다.

골프룰 11
공은 높게, 낮게 칠 수 있다

클럽 타면에 맞은 공은 높이 날아가거나 낮게 나아간다. 그 높고 낮음의 탄도가 생기는 것은 공의 위치로 결정된다. 클럽 타면이 스윙의 최하점에 가기 전에 공을 치면 공은 낮은 탄도로 나간다. 반대로 최하점을 지나는 순간에 치면 공은 높은 탄도로 나가는 것이다. 그러므로 러닝 어프로치에서 낮은 탄도의 공이 되게 하려면 공을 스탠스 우측에 놓고 스윙 최하점에 오기 전에 맞추는 것이다. 또한 드라이버샷에서는 약간 좌측에 티업하여 치면 된다. 그렇게 하면 최하점을 지나 헤드가 올라가는 순간에 공을 맞추게 되므로 공이 높이 뜨고 멀리 나아간다.

페어웨이 전용 웨지

드라이버와 샌드웨지는 14개의 골프채 가운데 쓰기 어려운 골프채이다. 그 중에서도 샌드 웨지는 잔디위에서 공을 칠 때 사용되며 나름대로 연습을 해야 하고 기술이 필요하다. 벙커에서 사용하는 샌드웨지를 그대로 프로골퍼들은 페어웨이에서 자주 사용한다. 그러나 일반 아마 골퍼는 샌드웨지 밑면의 불룩한 밑면을 깎아야 한다. 그런 다음 그 샌드웨지로 반복 연습을 하여 클럽 사용을 감각적으로 익혀야 한다. 이때 헤드가 가볍다 싶으면 무게 조절용 납 테이프를 붙이기도 한다.

OB,분실공은=2벌타?

공을 분실하거나 OB가 나면 상대방은 **당신은 2벌 타야하**

고 얘기하는 경우도 있다. 그것은 2타의 손해이지 벌타 2타가 아니다. 벌 1타와 분실이나 OB가 나게 친 1타를 포함한 것뿐이다. OB나 분실의 염려가 있을 때는 잠정구를 치고 나가는 것이 유리하다. 잠정구 없이 확인한 결과 OB이거나 분실구면 원위치까지 혼자 가야 하는데 뒷 팀이 그 자리에서 샷을 준비하기 때문에 그곳까지 가지 못하고 OB들어간 곳 근처에서 치기도 하는데(아마추어 친선 때) 그때 치는 타수는 거리의 벌을 포함하여 4타째가 되고 4온 2퍼트로 트리플보기 이상의 손해를 보기도 한다.

골프룰 12
공을 찾을 때 주의할 것

친 공이 산으로 들어가면 숲에서 공을 찾는데 여간 힘든 게 아니다. 더구나 내기가 걸렸을 땐 끝까지 찾겠다는 골퍼도 있으나 시간에 한도가 있다. 골프 규칙에서는 5분간 찾다가 발견하지 못하면 그 공은 자연 분실한 것으로 처리한다. 골프장엔 계속 후속팀이 오기 때문에 뒷 팀은 앞 팀의 공찾는 5분의 시간이 길기만 하다. 따라서 앞 팀은 뒷 팀에게 유연하게 대처하게 대처해야 하는데 5분간 규정에 구애 없이 후속팀을 통과시키는 배려도 필요하다. 이처럼 다른 플레이어에게 폐를 끼치지 않게 하는 것이 골퍼의 에티켓이다.

좋은 연습 스윙의 순서

스타트 전의 워밍업이 스코어 메이킹에 도움이 되는 것은 말할 것도 없다. 하지만 그 방법에서 어설픈 워밍업은 오히려 라운드에서 미스 샷을 많이 내고 낭패를 겪게 한다. 그러므로 워밍업도 제대로 순서를 지켜 이루어져야 한다.

처음에는 작은 아이언으로 친다. 그런 다음 중거리용의 클럽, 그 뒤에 스푼이나 드라이버 같은 클럽으로 바꾸어 하는 것이다. 이것이 옳은 워밍업의 순서이다. 이렇게 하면 무리 없이 몸의 근육이 풀린다. 그 다음은 퍼팅도 뺄 수 없다.

퍼터의 종류는

퍼터의 종류는 가지 수가 많아서 세계적으로 모두 종합하면 수천 개가 될 것이라고 한다. 그리고 퍼터를 수집하는 골퍼도 있는데 어느 골퍼는 수백 개의 퍼터를 수집했다고 한다. 보통 L형, T형, 반달형의 모양으로 구분되는데 더 세분화하면 온갖 모양의 퍼터가 있다. 퍼터 수집은 흥미로운 취미인데 그것은 끝이 없다. **이 퍼터가 최고이다**라고 단정할 수 있는 퍼터는 거의 구할 수 없으니 퍼터의 종류는 많아지고 그래서 하나의 큰 경쟁이 될 수 있다.

골프룰 13
티샷구역

티잉 그라운드에 올라서면 2개의 티 마커가 있고 티 마커 뒤쪽으로 2클럽 길이의 4각형이 티샷 구역이다. 공은 4각형 안의 어디에 티 업해서 쳐도 상관없다. 티 업이 아니고 잔디 위에 공을 그냥 놓고 치기도 하고 예전에는 모래를 적당히 지면에 놓은 뒤 그 위에 공을 놓고 치기도 했는데 티펙이 나오면서 모래는 쓰이지 않는다. 티 구역의 공을 칠 때 발이 구역을 벗어나는 것은 문제가 안 된다. 티 마커를 움직이면 첫 타를 치기 전에는 라이 개선으로 2벌타를 받지만 1타를 친 후에 샷에 방해가되면 움질일 수 있는 장애물이 된다.

컵위치는 왜 매일 바꾸나

그린 바닥에 있는 홀컵의 위치는 매일 바꾼다. 그린 키퍼가 컵을 옮겨 놓는 장면을 볼 수 있다. 그것은 핀이 꽂히는 장소에 따라 그 컵의 공략법이 달라지기 때문이다. 골프의 매력은 여기에 있다

프로 골퍼의 토너먼트나 그 클럽의 클럽 챔피언이 참가하는 경기가 개최되면 보통 때보다 어려운 장소에 핀을 꽂아 놓는다. 능숙한 골퍼도 더욱 까다로운 상황이 된다. 홀컵을 바꾸면 컵 주변의 잔디 보호에도 유리하다.

벙커샷 무기 샌드위치

다이너마이트로 불리는 샌드웨지는 벙커샷용의 좋은 무기이다. 아이언 클럽 중에서 채도 짧지만 역사도 짧다.

샌드웨지 발명자는 미국 프로 골퍼 진 사라젠이다. 피칭웨지의 로프트는 51도이지만 샌드웨지는 55도나 되고 헤드의 밑 부분이 무거워 모래에서 볼을 쳐 낼 때 사용하는 클럽이다. 샌드웨지가 나오기 전에는 9번 아이언으로 벙커에서 볼을 쳐냈다.

골프룰 14
티 그라운드
티업한 볼이 떨어진 경우

또 치기 전에 떨어진 공은 벌 없이 다시 티업할 수 있다.

티의 구역 밖에서 쳐서 OB가 되었을 경우

2타 부가하여 구역 내에서 다시 쳐야 하는데 OB의 페널티는 가하지 않아도 된다.

볼에 묻은 진흙을 닦았을 경우

공을 닦을 수 있는 것은 언플레이어블, 땅바닥 깊이 박혀 있을 때, 캐주얼 워터 해저드, 장애물, 그린 위 등으로 정해져 있으며 그 외의 경우에 닦으면 1타 부가, 리플레이스하지 않으면 안 된다.

홈이 난 볼을 바꾼 경우

공이 정상 비행이 불가능할 정도로 손상되어 있지 않는 한 **드루 더 그린(Through the green)**에서의 공교환은 2타 부가

나뭇가지에 볼이 걸렸을 경우

나무를 흔들어 공을 떨어뜨리면 공을 움직이게 한 것이 되어 2타 부가. 언플레이어블을 선언하고 1타 부가하여 드롭해야 한다.

작은 나무가 방해되어 칠 수 없는 경우

가지를 꺾거나 캐디에게 가지를 붙잡도록 하면 2타부가

핀의 표지로서 타인을 서있게 하는 경우

보이지 않는 핀의 위치를 다른 플레이어에게 듣는 것은 관계없으나, 표적으로 서있게 하면 2타 부과

타인이 사용한 클럽의 번호를 물어 보았을 경우

어드바이스를 받은 셈이 되어서 2타 부가

OB를 보고도 놓친 경우

OB한 사람도 놓친 사람도 실격

골프 룰 15
해저드
볼 곁에 나뭇잎이나 조약돌이 있는 경우
벙커 내에서 나뭇잎이나 조약돌 등 자연물을 제거하면 2

타부가. 단 나뭇잎이나 모래 등에 덮여 공의 위치가 자기의 공인지 분간하기 어려울 때에는 식별할 수 있는 범위 내에서 그 자연물을 제거할 수 있다.

볼 곁에 연필 등이 떨어져 있는 경우

스트로크에 방해가 되는 연필이나 단추등 인공물이면 제거해도 상관없다.

벙커 안에 볼이 2개 나란히 있는 경우

그린에 조금이라도 가까운 사람이 마크하여 공을 주워 올려 먼 사람부터 친다. 그리고 나중에 치는 사람은 전 위치에서 2개의 클럽 길이 이하에서 홀에 접근하지 말고 리플레이스해서 쳐도 좋다

남의 실수로 자기의 볼을 친 경우

파트너의 확인을 얻은 후 새로운 공을 앞에 놓고 가까운 위치에서 다시 한번 친다.

그린에 얹은 후에 오구라는 것을 발견했을 때

2타를 부가하며 제 2타부터 다시 친다. 여러 발이나 OB를 넣어 몇 발 째가 세이프인지 알 수 없을 경우 최후의 공이 세이프로 간주된다.

볼이 OB표시 선상에 가까이 떨어진 경우

표식의 안쪽을 잇는 선에 공이 조금이라도 걸려 있으면 OB의 공으로 간주된다

드롭된 공이 못에 떨어지거나 OB표식을 넘어간 경우 벌 없이 다시 드롭할 수 있다. 그래도 공이 멈추지 않을 때 다시 드롭하면 공이 처음에 떨어졌다고 생각되는 지점에 놓을 수 있다.

드롭한 볼이 몸에 닿았을 경우

땅 위에 떨어지기 전에 닿으면 벌 없이 다시 드롭해야 한다. 땅위에 떨어진 후에 닿아도 벌은 없고 공이 멈춘 위치에서 쳐도 좋다.

코스 내의 도로에 볼이 멈춘 경우

벌 없이 주위 홀에 접근하지 않고 1개의 클럽 길이 이하에서 드롭하여 친다.

골프 룰 16

볼이 나무 뿌리에 멈춰있거나 해서 칠 수 없는 경우

플레이어의 판단으로 언플레이어블을 선언하고 다음에서 어느 하나의 조치를 취할 수 있다.

1. 공이 있던 지점의 홀에 접근하지 않고 2개의 클럽 길이 이하에서 드롭한다. 단, 1타 부가

2. 홀과 공이 있던 지점을 잇는 라인 위의 후방, 임의의 위치에서 드롭한다. 이 경우에도 1타 부가

잘못해서 볼을 발로 찼을 때

자기의 공을 발로 찼을 때는 1타가 가산되어 리플레이스하고 친다

파트너 또는 그의 캐디가 발로 찼을 때는 벌 없음

볼이 볼을 움직인 경우

공이 타인의 공에 맞아 움직였어도 패널티는 가하지 않는다. 타인의 공이 자기의 공에 맞아 움직였을 때는 멈춘위치에서 쳐도 좋고, 또 리플레이tm 해도 좋다.

때린 볼에 자기가 맞았을 경우

움직이고 있는 공이 플레이어 자신이나 파트너 또는 이들의 캐디에 맞았을 경우는 2타 부가 공이 멈춘 곳에서 그대로 쳐야 한다.

티 그라운드를 잘못 알고 쳤을 경우

2타 부가하고 그날 사용하고 있던 정상 티그라운드에서 다시 친다

헛쳐서 티 마크 곁에 공이 멈춘 경우

티 마크는 규칙상 움직일 수 있는 장애물이므로 옮겨놓고 쳐도 좋다

티 샷을 연못에 넣은 경우

OB라 지레 짐작하고 잠정구를 치면 오구가 되어 2타 부가, 1타를 가산하여 워터 해저드의 규칙에 따른다.

골프 룰 17
스루 더 그린 (Through the green)

그린 밖에서 친 볼이 컵과 핀 사이에 끼어 멈춘 경우 홀 인이라 지레 짐작하고 공을 주워 올리면 실격한다.

이 경우 핀을 뽑고 컵속에 떨어뜨려야 비로소 홀 인으로 인정한다. 만약 핀을 뽑을 때 공이 움직여 컵 속에 들어가지 않을 경우에는 벌 없이 컵 가장자리에서 리플레이스 할 수 있다.

벙커 고르기를 움직이는 순간, 공이 굴러서 벙커에 들어간 경우 벙커 고르기에 차단되어 공이 멈춘위치에서 리플레이스하고 친다.

페이스에 공이 두 번 맞은 경우

두 번 친 것은 1타를 부가하여 2타라고 셈한다

로스트 볼이 되어 잠정구를 칠 경우

본래 위치로 돌아와 1타 부가하고 다시 친다. 이 규칙을 위반하면 2타가 부가된다.

같은 마크, 같은 넘버의 볼을 사용하고 있는 2명이 똑같은 러프에 쳐넣어 공이 한 개밖에 발견되지 않은 경우 어느 쪽 공이라고 확증을 얻을 수 없으므로 2명에게 다 로스트 볼이 된다.

모르고 타인의 볼을 쳤을 경우

해저드 내의 공을 제외하고는 2타 부가하고 자기의 공을 다시 쳐야 한다

해저드 내의 경우는 오구를 몇 타 쳐도 또다시 정구를 치는 한 패널티는 되지 않는다.

볼의 뒤쪽을 클럽으로 고른 경우

클럽은 땅 위에 놔도 좋으나, 땅바닥을 누르면 밑면 라이 개선으로 2타 부가한다.

벙커에 빗물이 괴어 있는 경우

공이 그 웅덩이에 들어간 경우 홀에 접근하지 말고 전 위치의 되도록 가까운 곳에 드롭할 수 있다. 아무리 해도 벙커 내에서 드롭할 수 없을 때에는 벙커 바깥쪽의 홀에 접근하지 말고 공과 홀이 있던 지점을 잇는 선상에 드롭해도 좋으나 이 경우에는 1타 추가.

볼이 나오지 않았는데 모래를 고른 경우

라이 개선으로 간주되어 2타 부가

벙커 내에서 실수로 남의 공을 친 경우

벙커 내에서 오구를 해도 패널티는 없으며 이때는 벙커 내에 되돌아와 다시 친다

골프룰 18

그린

퍼트한 볼이 남의 볼에 맞아 쿠션으로 홀인된 경우

이 홀인은 인정되나 2타 부가된다. 단, 그린 밖에서 친 공이 남의 공에 맞아 그대로 홀인된 경우 패널티는 부가하지 않는다.

퍼트한 볼이 핀에 맞은 경우

2타가 부가되고 공이 멈춘 곳에서 다시 쳐야 한다

낙엽이나 다른 것이 공에 붙어 있는 경우

낙엽등 자연물은 제거해도 좋으나 제거할 때 공이 움직이면 1타 부가. OB에 때려 넣은 공이 굴러들어와 세이프되어 낙엽이나 나뭇가지 등에 멈춘 경우 멈춘위치에서 리플레이스 하여 치면 되므로 이 경우 역시 공은 OB가 된다

어드레스 후에 공이 움직인 경우

1타 부가되며 공이 멈춘 위치에서 친다.

실수로 남의 마크에 친 경우

2타가 부과되며 공이 멈춘 곳에서 쳐야 한다

그린의 잔디에서 볼의 진흙을 닦은 경우

그린 위에서는 공을 주워 닦을 수 있으나, 잔디에 문질러 흙을 털면 잔디결의 테스트로 간주하여 2타 부가

그린 위의 부풀어오른 부분을 퍼터의 솔로 누른 경우

그린 위에는 전에 쓰던 홀을 파묻는 자리를 디보트에 한해 수리할 수 있으나 그외의 수리는 2타가 부가된다

어드레스 때 볼이 움직인 경우

1타 부가 후 그 공이 멈춘 곳에서 새로 퍼트해야 한다

2명이 동시에 퍼트한 볼이 컵 바로 옆에서 부딪쳤을 경우에는 컵에 조금이라도 가까운 사람에게 2타 부가되며, 그 사람은 공이 멈춘 위치에서 다시 친다. 컵에서 먼 사람에게는 패널티를 가하지 않지만 즉시 리플레이스하지 않으면 안 된다.

1. 회원권 관련 세금

1) 취득세

Ⅰ. 취득세란?

지방세로서 골프 회원권 취득시 골프장 관할 시, 도에서 부과하는 세금이다. 취득세의 과세 시가 표준액은 통상 시세의 90%선에서 결정되는데, 지방 자치제와 더불어 지방의 세입을 증대시키기 위해서 비교적 시세와 같게 또는 시세보다 높게 결정되는 경우도 있다.

취득세는 이 과세 시가 표준액의 1000분의 20 즉 2%를 세금으로 납부해야 하며, 본세인 취득 세액의 10%가 농어촌 특별소비세로 별도 부과된다.

취득세의 납부 기한

취득 일로부터 30일 이내에 납부해야 한다. 만일 납부 기한 경과 시에는 20%의 가산세를 내야 한다.

Ⅱ. 양도소득세

양도라 함은 자신에 관한 등기 또는 등록에 관계없이 매도(양도), 교환, 법인에 대한 현물 출자 등으로 인하여 그 자산이 사실상 유상으로 이전되는 것을 말한다.

여기에서 골프장에 관계되는 회원권의 양도는 회원권 소유자(회원) 일방이 그 재산권을 상대방에게 이전할 것을 약정하고, 상대방이 그 대금을 지급할 것을 약정함으로써 그 효력이 생긴다. 양도 소득세법에서는 골프 회원권 등에 관해서 기타 자산인 특정 시설물 이용권으로 정의하고 있다.

양도가 액 및 취득가액의 결정

가. 양도가액은 당해 골프장 회원권의 양도 당시 실지 거래가액에 의한다.

나. 취득가액은 당해 골프장 회원권의 취득 당시 실지 거래가액에 의한다.

양도가액 및 취득가액이 불분명한 경우

양도가액 또는 취득가액을 실지 거래가액에 의하는 경우로서 "대통령령이 정하는 사유"로 장부가와 증빙서류에 의하여 당해 자산의 양도 당시 또는 취득 당시의 실지 거래가액을 인정 또는 확인할 수 없는 경우에는 양도가액 또는 취득가액을 매매사례가액, 감정가액, 환산가액(실지거래가액), 매매사례가액 또는 감정가액을 "대통령령이 정하는 방법에 의하여 환산한 취득가액"을 말한다. 또는 기준 시가 등에 의하여 추계 조사하여 결정 또는 경정할 수 있다. 위의 자산 이외의 경우에는 당해 자산의 양도 및 취득 당시의 실거래가액으로 하고, 양도 또는 취득 당시의 실지 거래가액을 확인할 수 없는 경우에는 기준시가에 의한다.

① "대통령령이 정하는 사유"라 함은 다음 각호의 1에 해당하는 경우를 말한다.

a) 양도 또는 취득 시의 실지거래가액의 확인을 위하여 필요한 장부, 매매 계약서, 영수증 기타 증빙서류가 없거나 그 중요한 부분이 미비된 경우

b) 장부, 매매 계약서, 영수증 기타 증빙서류의 내용이 매매 사례가액, 지가공시 및 토지 등의 평가에 관한 법률에 의한 감정 평가 법인이 평가한 감정가액 등에 비추어 허위임이 명백한 경우.

② "대통령령이 정하는 방법에 의하여 환산한 취득가액"이라 함은 다음 각호의 방법에 의하여 환산한 취득가액을 말한다.

$$\text{양도 당시의 실지거래가액(매매사례가액 또는 감정가액)} \times \frac{\text{취득 당시의 기준 시가}}{\text{양도 당시의 기준시가}}$$

여기서 "매매사례가액"이라 함은 양도일 또는 취득일 전후 각 3개월 이내에 당해 자산과 동일성 또는 유사성 있는

자산의 매매 사례가 있는 경우 그 가액을 말한다.

또한 "감정가액"이라 함은 양도일 또는 취득일 전후 각 3개월 이내에 당해 자산에 대하여 2인 이상의 감정 평가 법인이 평가한 것으로서 신빙성이 있는 것으로 인정되는 감정가액(평가 기준일이 양도일 또는 취득일 전후 각 3개월 이내인 것에 한한다)이 있는 경우에는 그 감정가 액의 평균액을 말한다.

양도 차익의 산정 방법

양도 차익을 계산함에 있어서 실지 거래가액(매매사례가액, 감정가액 등 포함)에 의하는 때에는 취득가액도 실지거래가액(매매사례가액, 감정가액, 환산가액 등 포함)에 의하고, 양도 가액을 기준시가에 의하는 때에는 취액가액도 기준시가에 의한다.

1. 실지 거래가액에 의한 방법

실거래로 신고할 경우에는 양도 및 취득 시의 실거래가를 증명할 수 있는 서류를 첨부해야 하며, 첨부 서류는 양도, 양수인의 인감 증명서 및 매매 계약서(인감 날인) 또는 거래 사실 확인서 등이다.

필요 경비란 취득에 소요된 일체의 비용 즉, 명의개서료,

취득세, 중개 수수료 등이 포함되며, 권리 하자로 인한 소송 비용 등 일체의 비용이 포함된다. 단, 이 경우 영수증을 첨부하여야 공제를 받을 수 있다.

2. 취득시 실지거래가액을 알 수 없는 경우

양도시 실지거래가액은 알 수 있으나 취득시 실지 거래가액을 알 수 없는 경우에는 취득 당시의 매매사례가액 또는 감정가 액을 첨부하여 신고하면 된다. 그러나 실제로 실무에서 자신이 취득한 당시의 매매사례가액이나 감정가 액을 찾아내기란 쉽지 않다. 따라서 취득 당시의 실제거래가액을 알 수 없는 경우의 대부분이 환산 취득가액으로 계산하게 될 것이다.

단, 환산 취득가액을 적용하는 경우 필요 경비는 취득가액의 1%만을 공제한다. 그러나 양도 소득 공제는 연간 1회 250만원을 공제한다.

양도 소득 세율

양도 소득 과세표준	세 율	누진 공제
3천만원 이하	20%	
6천만원 이하	30%	300만원
6천만원 초과	40%	900만원

(4) 자진 납부 기한

1. 예정 신고 및 납부
a. 신고

양도소득의 범위에 해당하는 자산을 양도한 사람은 양도차액을 그 양도일이 속하는 달의 말일부터 2개월 이내에 납세지 관할 세무 서장에게 신고하여야 한다. 이때의 신고를 "자산양도차익예정신고"라고 한다. 또한 양도 차익이 없거나 양도 차손이 발생한 경우에도 납세지 관할 세무서장에게 신고하여야 한다.

b. 납부

자산 양도 차익 예정 신고와 함께 자진 납부를 하는 때에는 산출 세액의 10%를 공제한다.

2. 확정신고 및 납부
a. 신고

당해 연도의 양도 소득 금액이 있는 사람은 그 양도 소득 과세 표준을 당해 연도의 다음 연도 5월1일부터 31일 까지 납세지 관할 세무 서장에게 신고하여야 한다. 이 때의 신고를 "양도소득세 과세 표준 확정 신고"라고 한다. 이 경우 당해 연도의 과세 표준이 없거나 결손 금액이 있을 때에도 신고하여야 한다. 또한 자산 양도 차익 예정 신고를 한자는 당해 소득에 대한 양도소득세 확정신고를 하지 않을 수 있다.

b. 납부

양도소득세 과세 표준 확정 신고와 함께 자진 납부는 5월 31일 까지 하여야 하며, 예정 신고 시의 산출 세액에 대한 공제가 없다.

3. 신고 불성실 및 납부 불성실 시의 가산금

a. 신고 불성실 가산세

양도소득세 과세표준 확정 신고를 아니 하였거나 신고하여야 할 소득 금액에 미달하게 신고한 때에는 그 소득 금액 또는 미달 신고 금액의 10%를 가산한다.

b. 납부 불성실 가산세

납부 기한의 다음달부터 자진 납부일 전일 또는 고지일 까지의 기간에 대하여 1일 1만분의 5의 가산세를 계산한다. 즉 1일당 0.005%의 가산세임

Ⅲ. 증여세

증여세란 타인으로부터 무상으로 재산을 취득한 경우, 즉 증여받는 경우, 증여받은 재산의 가액을 과세표준으로 하여

과세하는 조세이다. 상속은 피상속인의 사망에 의하여 재산을 취득하는데 반해 증여는 증여자가 생존시 재산을 취득하는 것이 다를 뿐 재산의 무상 이전을 과세 대상으로 한다는 점에서 동일하기 때문에 증여세는 상속세를 보완하는 성격을 가지고 있는 실직적 재산세 내지는 유통세의 일종이다.

타인으로부터 재산을 무상으로 취득하는 자, 즉 수증자는 증여세 납세의 의무가 있다. 증여세의 납세지는 수증자의 주

과세표준 및 세율

과세표준	세율	누진 공제
1억원 이하		10%
1억원 초과 5억원 이하	20%	1천만원
5억원 초과 10억원 이하	30%	6천만원
10억원 초과 30억원 이하	0%	1억 6천만원
30억원 이상	50%	4억 6천만원

증여세액 공제

구 분	96.12.31일 이전	97.1.1일 이후
직계존속비	3000만원(단, 미성년자는 1,500만원)	3,000만원(단, 미성년자는 1,500만원)
배우자	5,000만원+(결혼년수×(*)500만원	5억원까지
기타친족	500만원	500만원
타인	없음	없음
합산기간	99년 이전 5년	99년 이후 10년

소지이며, 납세지를 관할하는 세무 서장이 관할한다.

세대 생략 증여에 대한 할증 과세 : 2촌 이상의 직계비속에 대한 증여, 즉 할아버지가 손자, 손녀에게 직접 증여하는 경우에는 산출 세액에 30%를 가산한다.

자진 신고 및 납부

증여세 납세 의무자는 증여받은 날로부터 3개월(외국에 주소를 둔 경우 9개월) 이내에 주소지 관할 세무서에 신고, 납부하여야 하며 이 기간 내에 신고를 하면 산출 세액의 10%를 공제받게 된다.

신고를 하지 않거나 미달하게 신고한 경우 산출 세액의 20%를 가산세로 내야하며, 신고만 하고 납부를 하지 않은 경우 산출 세액의 10%를 가산세로 내야 한다. 따라서, 신고 및 납부를 하지 않은 경우에는 산출 세액의 30%를 가산세로 내야 한다.

기타

1. 배우자에게 증여한 자산을 5년 이내(자녀에게 증여한 자산은 3년 이내)에 매각할 경우 증여 자가 취득한 거액을 기준으로 소급하여 양도소득세를 과세한다.

2. 증여세 과세 표준액은 실거래가격을 기준으로 한다.

Ⅳ. 상속세

상속세는 전체 재산에 대하여 합산한 후 누진 및 자녀수에 따른 공제 부분이 많고 개개인의 재산 정도에 따라 다르므로 여기서 언급하기가 어렵다. 단, 상속세의 과세 표준 및 세율은 증여세와 동일하다.

부록

핸디캡은 어떻게 결정되는가

 우리나라 아마추어 골퍼의 대부분이 최소 두 개의 핸디캡을 가지고 있다. 그 하나는 소속 클럽에서 받은 핸디캡인 소위 공식 핸디캡이고, 또 다른 하나는 소속 친목단체에서 받은 핸디캡인 비공식 핸디캡이다. 여러 친목단체에 가입해 있는 사람은 핸디캡을 여러 개 가지고 있을 것이다.

 비공식 핸디캡의 결정방법은 각 단체의 독자적인 기준에 따라 달라진다. 어떤 단체에서는 우승 또는 입상을 하면 무조건 몇 개씩 핸디캡을 내리는가 하면, 어떤 단체에서는 입상 여부에는 관계 없이 핸디캡 이하로 치면 그대로 핸디캡을 내리는 등등 각양각색이다.

 그러나 공식 핸디캡은 일정한 공식에 따라 결정되는 것이다. 골프를 즐기는 사람으로서 자기 핸디캡이 어떻게 결정되는지, 결정하는 공식은 무엇인지 상식으로 알아 둘 필요가 있다.

 핸디캡 결정방법을 설명하려면 먼저 코스 레이팅(course rating)을 설명해야 한다. 골프 클럽의 스코어 카드에는 대부분의 경우 코스 레이팅이 표시되어 있다. 코스 레이팅은 파와는 다른 것이다. 핸디캡은 코스 레이팅에 따라 결정된다. 또한 코스 레이팅은 야디지 레이팅(yardage rating)에 따라 결정된다.

가령 A골프 클럽의 코스의 거리가 6,700야드이면 그 클럽의 야디지 레이팅(남자의 경우)은, 6천7백 야드

6,700÷220+40.9=71.35

로 71.35가 된다.

주 : 220은 핸디캡이 0인 경기자의 드라이버샷의 평균거리(비거리)이고 40.9는 그린에서의 평균 퍼팅 타수를 나타낸 것. 여자의 경우에는 각각 180과 40.1이다. 야디지 레이팅 71.35라는 숫자의 뜻은 이 코스에서 거리만을 고려한다면(난이도는 무시하고) 핸디캡이 0인 경기자가 18홀을 경기하는데 71.35타가 소요된다는 것이다. 각 홀의 티에 있는 거리판에 표시된 거리는 타의 중앙에서 그린의 중앙까지 페어웨이의 중심부를 통하여 수평으로 잰거리다.

코스에는 긴 것과 짧은 것이 있는 것과 같이 어려운 코스도 있고 또 쉬운 코스도 있다.

난이도도 각각 다르다. 18홀에 대하여 난이도를 ±1만으로 정한다. 아주 어려운 코스는 +1, 아주 쉬워도 -1로 하나 특수한 경우에는 그 이상도 있다.

크스 레이팅은 야디지 레이팅에 난이도를 합한 것이다.

실제 난이도는 ±1만 반영되므로 코스 레이팅은 야디지

레이팅, 즉 코스의 길이에 따라 결정된다고 하여도 과언이 아니다. A골프 클럽의 야디지 레이팅이 71.35이고, 코스가 약간 어려워 난이도가 +0.7이라면 코스

사정하고자 하는 핸디캡	제출카드 매수
0	15매
1~3	12매
4~5	8매
6~9	6매
10~18	5매
19~24	3매
25~40	2매

레이팅은 71.35+0.7=72.05 즉 72.1이 된다(소수점 두 자리 이하는 반올림).

이런 공식에 따라 코스 레이팅이 결정된다. 핸디캡을 사정하기 위해서는 골프규칙을 제대로 지키고 경기한 결과인 스코어 카드가 필요하다. 최소한으로 필요한 스코어 카드

핸디캡	한홀의 스코어 한도
9 또는 그 이하	6타
10~19	7타
20~29	8타
30~39	9타
40 또는 그 이상	10타

의 매수(그 이상도 무방)는 표와 같다.

제출된 스코어는 다음 표에 따라 공정타수조정(equitable strotke control)을 한다. 이 조절의 목적은 한 홀에서 비정상적으로 많이 친 것을 그대로 계산해서 전체 타수에 너무

많은 영향을 주지 않게 하기 위한 것이다.
예를 들어 공정타수조정을 설명하면

핸디캡이 15인 A의 경우

홀	1	2	3	4	5	6	7	8	9	OUT	10	11	12	13	14	15	16	17	18	IN	계
파	5	4	3	4	4	3	4	4	5	36	4	4	5	3	4	4	4	3	5	36	72
스코어	6	4	4	8	5	3	4	5	5	44	6	4	8	4	6	4	5	3	5	45	89
조정				7						43			7							44	87

핸디캡이 15인 A의 경우에는 한 홀의 스코어 한도가 7타이므로 4번홀과 12홀의 8타는 7타로 조정되어 조정후의 A의 스코어는 87타가 된다. 이때 87-72=15(타)로 15타가 A의 핸티캡이 된다.

핸디캡 사정표

주 : 핸디캡은 핸디캡 디퍼렌셜의 96%에 해당한다.

A골프 클럽의 코스 레이팅이 72.1이므로
87.8-72.1=15.7
15.7이 A의 핸디캡 디퍼렌션이다.
A의 핸디캡 디퍼렌션이 15.7이므로 핸디캡은 15이다.
핸디캡은 이런 과정과 공식에 의하여 결정된다.

캘러웨이 방법(Callaway System)

아마추어 골퍼가 골프규칙을 정확하게 지키고 한 경기의 스코어를 집계하면 앞에서 설명한 방법에 따라 사정된 핸디캡을 가진 사람은 과연 얼마나 될까?

친선경기에서 각자의 핸디캡이 정확하지 않다고 생각할 때에 세계적으로 널리 이용되고 있는 캘러웨이 방법을 소개한다. 이 방법은 미국의 프로골퍼 캘러웨이 씨(Lionel F Callaway)가 1957년에 고안한 것으로 경기 당일의 스코어를 기준으로 다음 표에 따라 경기자의 핸디캡을 결정하는 것이다.

스	코	어			차	감
		70	71	72	0	차감 및 조정없음
73	74	75	-	-	½	가장 나쁜 홀 및 조정
76	77	78	79	80	1	〃
81	82	83	84	85	1½	〃
86	87	88	89	90	2	〃
91	92	93	94	95	2½	〃
96	97	98	99	100	3	〃
101	102	103	104	105	3½	〃
106	107	108	109	110	4	〃
111	112	113	114	115	4½	〃
116	117	118	119	120	5	〃
121	122	123	124	125	5½	〃
126	127	128	129	130	6	〃
-2	-1	0	+1	+2	……조정	

예를 들어 설명하면 A의 스코어가 96일 때 가장 나쁜 3홀의 스코어가 9, 8 및 7이라면 그것을 합친 24에서 2를 뺀 (조정한) 22가 A의 핸디캡이다. 따라서 A의 네트 스코어는 74가 된다. 만일 83을 쳤다면 가장 나쁜 한 홀의 스코어 6과 다음으로 나쁜 5의 반 2.5를 합치면 9(주2에 따라 0.5는 1로 계산)인데 83타는 조정할 필요가 없으므로 A의 핸디캡은 9가 된다.

주 1 : 한 홀의 스코어는 파의 배를 넘을 수 없다.
　 2 : 2분의 1타는 1타로 계산한다.
　 3 : 제17번 및 18번홀의 스코어는 차감하는 대상에서 제외한다.
　 4 : 동점일 때에는 핸디캡이 적은 편이 우선한다.

파의 거리

홀 길이의 기준은 무엇인가? 9번 아이언으로 치는 파3 홀이 있는가 하면 드라이버로 쳐야 할 파3 홀도 있다. 다음은 파의 기준 거리표다.

파	남 자	여 자
3	229m(250야드)이하	192m(210야드)이하
4	230~430(251~470야드)	193~366m(211~400야드)
5	431m(471야드)이상	367~526m(401~575야드)
6		527m(576야드)이상

스트로크 플레이 주요 벌타 일람표

	상 황	벌	참 고
전반적	공에 영향을 주는 행위를 하면	2	
	규칙을 적용 않기로 서로 합의하면	실격	
	경기 당일 코스에서 연습하면	실격	
	정당한 요구를 거부하면	실격	다른 사람의 권리를 침해하면
	채 14개 이상 소지 또는 채 차용	2	홀당 2벌타 18홀에 최고 4벌타
	타순이 틀렸다	0	다시 치면 안됨. 그대로 경기 계속
	티 구역 밖에서 쳤다	2	반드시 티 구역에서 다시 쳐야 한다
	티업한 공을 떨어뜨렸다	0	벌 없이 다시 티업
	헛친 공을 건드렸다	1	인플레이 공을 건드렸으므로
	분실구 또는 OB공	1	친 자리에서 제3타를 친다
	잠점구란 말 안 하고 치면	1	원구가 분실구로 처리된다
	몇 번 채로 쳤나 물어 보면	2	이것은 조언을 구한 것이 된다
스루 더 그린	한 홀의 경기 중에 연습하면	2	끝난 그린과 다음 티에서는 퍼팅과 칩핑 연습을 할 수 있음
	경기선이나 공의 라이를 개선하면	2	공 뒤를 밟거나 채로 눌러서는 안됨
	스탠스 장소를 만들면	2	발 밑에 돌같은 것을 괴서는 안됨
	클럽 헤드로 치지 않으면	2	헤드의 뒷면은 무방
	공이 채에 두 번 맞으면	1	친 것까지 합2타
	움직이고 있는 공을 치면	2	물속에서 움직이는 공은 무방함
	오구를 치거나 치지 않으면 실격	2	다음 타에서 치기 전에 정구를
그린	자기 공을 움직이면	1	제자리에 놔야 한다
		1	그렇지 않으면 2벌타
	어드레스 후에 공이 움직이면	1	그렇지 않으면 2벌타
	자연 장애물을 치우다 공이 움직이면	1	그렇지 않으면 2벌타
	인공 장애물을 치우다 공이 움직이면	0	그렇지 않으면 2벌타

스트로크 플레이 주요 벌타 일람표

	상 황	벌	참 고
스 루 더 그 린	동반 경기자가 공을 움직이면	0	〃
	국외자가 공을 움직이면	0	〃
	자기가 친 공에 맞으면	2	정지한 그대로 친다
	공이 자기 캐디나 백에 맞으면	2	〃
	공이 동반 경기자, 그의 캐디나 백에 맞으면	0	〃
	공과 공이 충돌하면	0	〃
	드롭 방법이 틀렸으면	1	치기 전에 시정하면 무벌
	제자리에 놔야 할 공을 마크하지 않고 집으면	1	
	오소에 드롭 또는 놓고 치면	2	중대한 오소면 제2의 공을 쳐야 함
	언플레이어블 볼	1	동반 경기자의 동의 필요 없음
	닦아서 안될 때 공이 들어가면	1	병행 워터해저드 포함
워 터 해 저 드 · 병 행 워 터 해 저 드	워터해저드에 공이 들어가면	1	병행 워터해저드 포함
	모래나 땅 또는 물에 접촉하면	2	
	자연 장애물에 접촉하거나 치우면	2	나뭇잎, 솔방울, 돌 등에 접촉 하거나 치우면
	인공 장애물에 접촉하거나 치우면	0	담배꽁초, 비닐 등을 치우다 공이 움직여도 무벌
	채나 백을 놓으면	0	테스트나 라이 개선이 아니면 좋다
	해저드에서 오구를 치면	0	해저드에서는 공을 확인할 수 없다
	백스윙을 하다 모래나 물에 닿으면	2	다운스윙부터 치는 동작으로 간주된다
	공이 연못에 들어간 증거가 없는데 들어간 것으로 처리하면	2	

스트로크 플레어 주요 벌타 일람표

	상 황	벌	참 고
벙커	공이 나가지 않았는데 처음에 친 자리를 메우면	0	다음 타의 라이 개선이 아니면 무방
	나뭇잎에 덮였으나 공의 일부가 보일 때 나뭇잎을 치우면	2	공이 전혀 안 보일 때 일부가 보일 정도까지 치우는 것은 무방
퍼팅 그린	퍼팅선 지시 때 그린에 접촉하면	2	
	나뭇잎이나 모래를 손이나 채 이외의 것으로 치우면	2	타월이나 모자로 치우면 안됨
	퍼팅선에 접촉하면	2	규칙에서 허용된 경우는 제외
	그린에서 친 공이 잡고 있거나 빼놓은 깃대에 맞으면	2	
	그린에서 친 공이 잡고 있는 사람에 맞으면	2	
	그린에서 친 공이 동반 경기자의 멎어 있는 공에 맞으면	2	
	다른 공이 움직이고 있을 때 치면	2	
	그린면을 테스트하면	2	
	바람에 움직인 공을 그대로 치면	0	바람은 국외자가 아니므로 그대로
	홀아웃을 하지 않으면	실격	
	스파이크 자국을 고치면	2	공자국과 구멍 자국만 고칠 수 있다.
	동시에 친 공이 충돌하면	0	제자리에 놓고 다시 쳐야 한다.

코스 각 지대의 세부 명칭

하나의 코스는 18개 홀로 구성되고 "아웃"과 "인"의 둘로 구분하고 있다. 공식 경기일 경우에는 백 티(남자만)를 사용하고, 보통은 레귤러 티를 사용한다. 여자는 레이디스 티에서 플레이한다.
보통 백티(B.T.)는 청색, 레귤러티(R.T.)는 백색, 레이디스티(L.T.)는 적색으로 표시한다.

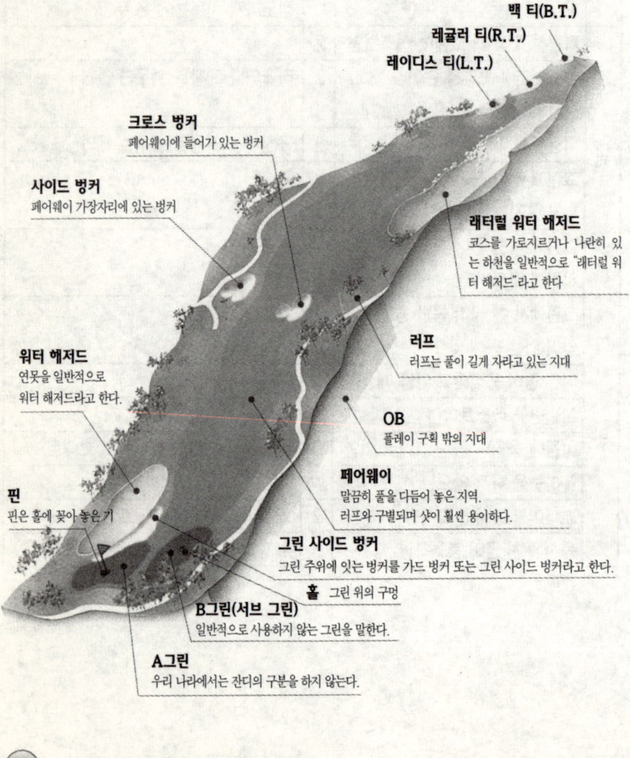

백 티(B.T.)

레귤러 티(R.T.)

레이디스 티(L.T.)

크로스 벙커
페어웨이에 들어가 있는 벙커

사이드 벙커
페어웨이 가장자리에 있는 벙커

래터럴 워터 해저드
코스를 가로지르거나 나란히 있는 하천을 일반적으로 "래터럴 워터 해저드"라고 한다

러프
러프는 풀이 길게 자라고 있는 지대

워터 해저드
연못을 일반적으로
워터 해저드라고 한다.

OB
플레이 구획 밖의 지대

페어웨이
말끔히 풀을 다듬어 놓은 지역.
러프와 구별되며 샷이 훨씬 용이하다.

핀
핀은 홀에 꽂아 놓은 기

그린 사이드 벙커
그린 주위에 잇는 벙커를 가드 벙커 또는 그린 사이드 벙커라고 한다.

 홀 그린 위의 구멍

B그린(서브 그린)
일반적으로 사용하지 않는 그린을 말한다.

A그린
우리 나라에서는 잔디의 구분을 하지 않는다.

Par 3

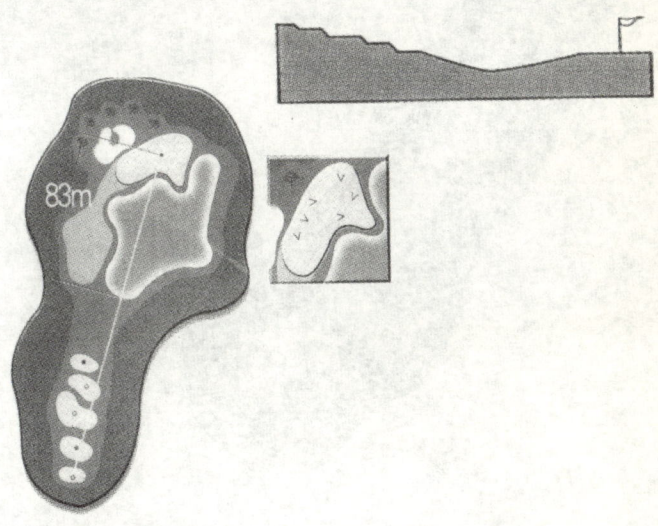

미들홀

Par 4

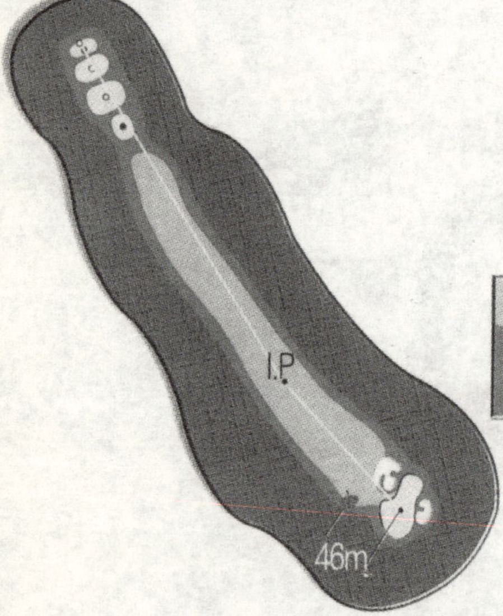

골프용어해설

A

어드레스(address)
플레이어가 볼을 치기 위하여 발의 위치를 정하고 클럽헤드를 지면에 놓아둔 채로 있는 상태이며 보통은 볼에 클럽페이스를 가까이 겨누는 것.

어드바이스(Advice)
플레이어에 대한 결단, 클럽의 선택, 스트로크(샷)의 방법에 대해서 조언하는 것을 말한다. 룰에 대한 조언은 이에 해당하지 않는다. 플레이어에게 어드바이스를 하거나 플레이어가 그것을 받아들이거나 하면 벌점 2타를 부가하게 된다.

어게인스트 윈드(Against Wind)
맞바람, 앞쪽에서 불어오는 바람.

알바트로스(Albatross)
1홀의 기준타수보다 3타 적은 수로 홀인하는 경우, 가령 파(par) 5의 홀을 2타로 넣었을 경우가 이에 해당.

올 스퀘어(All Square)
승패가 나타나지 않은 무승부라는 뜻.

아마추어(Amateur)
보수 또는 이익을 목적으로 하지 않고, 순수한 스포츠로 플레이하는 사람.

어프로치(Approach)
그린에 가까운 지역에서의 샷. 어프로치 샷, 칩, 피치, 러닝 어프로치 등

아크(Arc)
스윙에서 클럽 헤드가 휘둘러지는 궤도.

아미(Army)
처음 9홀의 성적을 기준으로 핸디를 정하는 것.

어센딩 샷(Asecending Shot)
될 수 있는 한 큰 모양이 되게끔 볼을 치는 것.

어테스트(Attest)
증명(證明). 경기의 경우엔 상대방의 스코어 카드가 틀리지 않았나 확인하는 일.

애버리지 골퍼(Average Golfer)
18홀에서 핸디캡이 18정도의 기량을 가진 골퍼로 중도의 기량을 지닌 일반골퍼.

애버리지 스코어(Average Score)
스트로크 플레이로 각 홀의 합계 타수를 평균 낸 스코어.

B

백 스핀(Back spin)
볼의 역회전(逆回轉), 언더 스핀이라고도 한다. 로프트가 있는 클럽으로 올바르게 친 볼은 백 스핀으로 나간다.

백 스윙(Back-Swing)
클럽을 후방으로 들어 올리는 동작.

백 티(Back Tee)
프론트 티, 미들 티보다 뒤에 있는 티. 코스의 정규 길이는 여기서부터 계산되며, 프론트 티보다 5~6야드 뒤쪽이다.

볼(Ball)
공을 뜻하는데, 영국의 경우 사이즈는 1.62인치 정도 무게는 1.62온스를 넘지 않아야 하며, 미국 사이즈는 영국과 무게는 같으나 직경이 1.68인치정도로 정해져 있다.

롱홀

Par 5

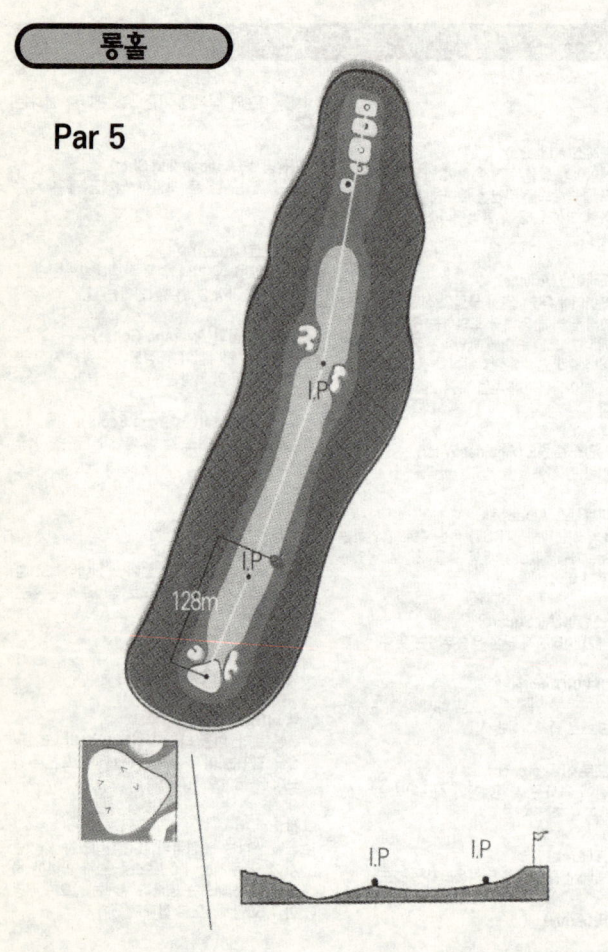

티 샷에 관한 기초 지식 2

티업하는 위치

우선 어디에 티업하는가 하는 장소와 위치가 문제인데, 트러블이 있는 쪽 가까이에 티업하는 것이 상식이 되어 있다. 예를 들어 왼쪽에 OB 말뚝이 촘촘히 있다거나, 벙커나 연못 등이 있다고 하자. 그런 경우엔 가능한 한 왼쪽에 접근하여 티업하는 것이, 시계에 불안감이 없고, 오른쪽 안전권을 넓게 사용할 수 있기 때문에 좋다.

티업하는 높이

티업하는 높이는 볼의 중앙이 클럽 헤드의 뒷면에 오는 정도가 좋다. 단, 이 높이는 어디까지나 지면에서부터이지, 잔디면에서부터가 아니므로 주의를 요한다. 또 페그에 볼을 얹어서 지면에 꽂을 때, 완전히 꽂지 말고, 약간 들어 올려 꽂도록 한다. 그렇게 하면 임펙트 때 저항이 없으므로, 티채 때릴 수도 있다는 안심감이 생긴다.

표적을 잡는 방법

티샷 때 표적을 잡는 일은 대단히 중요하다. 홀의 전개, 경사 정도나 방향, 바람의 방향 등을 고려하여 표적을 잡아야 한다. 우선 쳐올리는 홀, 앞은 커다란 산허리로, 120야드(약 109.2m)쯤 직선으로 날리면 산허리에 닿는 경우에는, 가능한 한 티 마크 쪽에 접근하여 티업한다. 그리고 가이드 폴이나 캐디의 지시방향과 티업한 볼이 이루는 선상에서 산허리의 눈높이에 무언가 한 점을 찾아낸다. 그리하여 그 점으로 쳐내는 것이다. 내리막 홀의 경우엔, 가능한 한 티 마크로부터 멀리 떨어진 후방에 티업한다. 처내려야 할 곳을 내려다 보며 치면 상체만을 깊이 수그리게 되어 미스 샷의 원인이 된다. 아래를 내려다보지 않기 위해 당연히 후방에 티업하게 되는 것이다. 그런 다음 타구선 공중의 구름이나 나뭇가지를 표적으로 삼는다. 막연히 치는 버릇은 좋지 않다.

목표를 잡는 방법

티 샷은 제1타인 만큼, 목표를 확실히 겨냥해야 한다. 특히 산악 코스 등으로 기복이 큰 홀에서는, 경사 정도를 플러스 마이너스하여 떨어진 볼이 어떻게 굴러갈지를 예상해서 방향을 정한 다음에 표적을 잡는 일이 중요하다.

거리 계측법

라운드 카드에 그 홀의 길이가 씌어 있으므로, 자신이 그 때까지 친 거리와 남은 거리를 뺄셈으로 계산해낼 수 있다.

그런데 처음 얼마 동안은, 드라이버로 치든 아이언으로 치든 그날그날의 컨디션에 의해서 의외로 볼이 멀리 날아가기도 하고, 얼마 날아가지 못하기도 하여 일정하지 않으므로, 남은 거리를 읽어서 클럽을 정해야 한다. 캐디에게 물어보는 것이 가장 쉬운 방법이지만, 자신의 눈으로 거리를 측정하는 힘을 길러두는 것이 좋다. 각 홀에는 러프 사이드에 거리 말뚝이나 입목을 세워 두는데, 그것을 통해 그린까지의 거리를 알 수 있다. 그 말뚝이나 나무에서 볼이 어느 정도 거리에 있는지를 보고, 플러스 마이너스하여 거리를 읽는 힘을 기르도록 한다.

글을 마치면서

앞에서 얘기했듯이 기존의 원리는 실제 골퍼들에게 이해와 적용 면에서 난해하다는 결과를 낳았고, 응용조차도 어려운 이론들을 제시했다고 볼 수 있다. 이에 본인은 이 난해함을 회전 원리에 따라 일치시킨 이론과 실전의 제시를 통해 해결, 골프의 대중화를 꾀하고자 했다. 그리고 더 나아가 개인이 이 책을 보며 스스로 터득할 수 있을 정도로 핵심을 정확히 제시, 누구나 손쉽게 골프라는 운동을 할 수 있도록 일반화시키고자 했다. 기존의 원리와 실전의 모순 속에서 힘들어하던 골퍼들은 레슨하는 입장에서나 배우는 입장에서 모두 일치되는 원리와 실전을 통해서 일체감을 갖고 그릇된 스윙을 바로잡기를 바란다. 아울러 처음 시작하는 초보자들에게는 쉽고 단순하며 응용 가능한 원리와 함께 실전을 제공했으니, 이제는 쉽게 골프라는 스포츠를 즐기기 바라며 이 글을 마친다.

이종병 Pro의 회전이론
골프! 알고보면 단순하다

2000년 9월 30일 2판 인쇄
2000년 10월 9일 2판 발행
저 자 / 이 종 병
펴낸곳 / 도서출판 그린
발행인 / 윤 덕 우
서울 서대문구 연희동 219-20
Tel. (02)333-2574~5
Fax. (02)333-2561
등록 / 제8-161호 / 1995. 5. 3

파본이나 잘못된 책은 바꾸어 드립니다.

값 6,000원

이 책의 공급처는 **도서출판 그린**입니다.
Tel. (02)333-2574~5

이 책은 도서출판 그린이 발행한 것으로
저자의 허락없이 임의로 이 책의 내용 일부 혹은 전부를 복사,
전재하는 행위를 금합니다.

저자와 협의하여 인지는 생략 하였습니다.